买个好房子

蔡照明 著

中信出版集团 | 北京

图书在版编目（CIP）数据

买个好房子 / 蔡照明著. -- 北京：中信出版社，
2025.6. -- ISBN 978-7-5217-7674-4

Ⅰ.F299.233.5

中国国家版本馆 CIP 数据核字第 2025247RZ2 号

买个好房子
著者：蔡照明
出版发行：中信出版集团股份有限公司
（北京市朝阳区东三环北路 27 号嘉铭中心　邮编　100020）
承印者：河北鹏润印刷有限公司

开本：880mm×1230mm 1/32　印张：7.5　字数：171 千字
版次：2025 年 6 月第 1 版　印次：2025 年 6 月第 1 次印刷
书号：ISBN 978-7-5217-7674-4

定价：58.00 元

版权所有·侵权必究
如有印刷、装订问题，本公司负责调换。
服务热线：010-84849555
投稿邮箱：author@citicpub.com

纪念我亲爱的弟弟照煌，以及我们在一起的时光。

目录

前言 / IX

第一部分　买房三原理

01 稀缺性原理 / 003
什么是稀缺 / 003　稀缺心理与购买决策 / 005
挖掘真正的稀缺 / 007　谨防稀缺性陷阱 / 009

02 相关性原理 / 013
锚定最相关因素 / 013　用相关性原理选房 / 017
最大的相关因素 / 018　要有可比性 / 019

03 流动性原理 / 022
写字楼卖不过住宅 / 022　流动性决定升值潜力 / 024
买房的几个典型问题 / 027　景区住房升值潜力大吗 / 029
基于流动性的 13 个推论 / 032

第二部分　房价热气球模型

04 房价是怎么形成的 / 037
房价理论 5 个谬误 / 037　　消除立场谬误 / 043

05 房价是怎么涨起来的 / 046
房价增长的模型图 / 046　　房价热气球模型的 3 个核心 / 049
房价热气球模型的 4 个推论 / 050　　看懂房价涨跌 / 055

06 理解各方立场 / 058
谨防消费心理陷阱 / 058　　择机判断的标准 / 060
调控市场温度 / 064

第三部分　房地产市场的底层逻辑

07 房价上涨的底层逻辑 / 069
房价上涨与土地稀缺 / 069　　风火轮的推动力 / 072
双向调节失灵 / 073

08 一切都变了 / 076
引发改变的背景 / 076　通过原理加深理解 / 079
房价的超导效应 / 080

09 新底层逻辑正在生成 / 084
变与不变 / 084　5个认知误区 / 091
买房新逻辑 / 098　买房"三要三不要" / 101

第四部分　未来楼市的三大变量

10 城市漂移：城市化上半场 / 105
北京向东，深圳向西 / 105　城市板块漂移的5个特征 / 109
形成板块漂移的3个必要条件 / 115　城市的整体漂移 / 116
城市发展与动力模式 / 118　3个循环推动城市发展 / 124
城市化的边界 / 130

11 城市漂移：城市化下半场 / 134
4个变量，找准踏点 / 134　9个漂移趋势 / 138
选城市"四看四不看" / 139　到7类城市去 / 143
城市投资的两个误区 / 151

12 房产税：困难与巨变 / 153

房产税必收 / 153　为什么迟迟不推 / 156
引发连锁反应 / 157　再看试点城市 / 162
应对策略 / 164

13 烂尾楼 / 166

烂尾楼效应 / 166　四招避免买烂尾楼 / 168

第五部分　买房实操篇

14 买房 18 纠结 / 172

15 选择城市和片区 / 182

16 入手时机 / 188

城市入手时机 / 190　片区入手时机 / 191
房价快速上涨通道 / 194　楼盘入手时机 / 195
一年中的入手时机 / 195　眼下是不是入手时机 / 196

17 选对户型 / 198

户型面积 / 199　楼栋位置和朝向 / 199
功能布局和动线设计 / 200　尺度空间 / 202

18 要不要买学区房 / 204

19 什么样的房子不能买 / 212

20 买房如何砍价 / 216

案例 1：跟大教授砍价 / 218
案例 2：跟中年商人砍价 / 219
案例 3：在自己已确认的价格基础上砍价 / 220

21 看天、看地、看人 / 222

前言

买房这件事，本不必专门著书立说，但这个行业体量大，利益牵扯面广，以致代言者众，一些简单明了的常识被扭曲解读，听起来云山雾罩。就像珠宝玉器，原本大家对它们就是单纯喜欢、欣赏，自己可以判断好坏，但在鉴宝专家出现后，珠宝玉器的价格越来越高，商品良莠不齐，普通人越发迷茫，甚至需要先鉴定"鉴宝专家"。我们看到，在买房群体中，一些真正的买房经验被误传，一些危险动作被美化，特别是在今天，一些显而易见的风险被忽略，民众如同置身于险象环生的高速公路上。手里的房子是该抛掉，还是该留着？买了怕跌，不买怕涨。买了的话，全家攒的这笔钱会不会打水漂了？买房甚至被演绎成一场身家保卫战。

这给了我去伪存真的机会，给了我还原历史的机会，给了我梳理自己的买房经验的机会，也赋予了我帮助大家打赢这场财富保卫战的动机。

我想以我个人的经历和经验出发来写这本书：我是怎么买的

第一套房子，又是如何卖了第一套再买第二套、第三套、第四套……从深圳买到北京，从北京买到其他城市，总体来讲很成功，不过也有失手的时候。我想将一次次经历和自己的思考，像鲜榨果汁那样原味呈现给大家，连拆包装的环节都省去。还原真实——包括事实的真实和逻辑的真实——是我选择讲这段经历的初心，也因此带出了我从事房地产行业24年，从甲方到乙方再到丙方，各方视角下的房地产逻辑和内幕。作为同时站上过这3处高点的人，我有条件全方位、多视角地给未来有意还原这段历史的人留下一些真实的线索。这样做可能会招致一些人的不满，但我相信，真相不会得罪历史。

我还想把本书写成一本"全面"的书，站在买房者的立场，逐一说清买房可能涉及的所有问题：不管是一线城市的问题，还是"十八线"小城的问题；不管是过去不理解的问题，还是未来可能遇到的问题。我想帮买房人省去"斗智斗勇"的环节，但实现这一想法并非易事。好在有中信出版社的鼓励，我得以动笔；也好在有中国房地产行业这几年的改变，本书的叙述能够走向事实层面的"全面"。

本书从初稿到定稿跨越了5年，这5年正好是中国房地产行业经历巨变的5年。5年前在初稿中当作未来之事提醒大家的，在今天已成事实得以复盘。这一方面给我极大的信心，另一方面也提升了写作的难度，因为我不能把不同逻辑下的、需要转换思维来理解的两段事实放在一个叙述框架内，否则读者可能觉得前后矛盾。幸好我找到了解决方法，就是将过去和未来设置为新旧两个部分呈现。前面的部分讲的是经典的买房原理和规律，它能帮助大家理解房地产市场今天为何是这样、未来还会怎样。后面的部分提醒大家房地产市场的一切都在改变，从政策到市场，甚至楼市的"控盘方"都换人了，以及哪些是正在经历的变化、哪些是未来最大的变量——用这样一条主线打通，全书的内容得以在逻辑上"更全面"。

本书分5个部分。第一部分在原理的层面谈买房，那些令你一知半解甚至一头雾水的问题，在此一并为你解释清楚。比如买房三原理一开始就会告诉你，房价取决于房屋的稀缺程度。但为何别墅稀缺却涨价最慢？因为此处的稀缺不是单方面指资源的稀缺，而是要有人"抢夺"的稀缺，我们可以通过计算房子的相对稀缺值来判断其升值潜力，这是房价的稀缺性原理的内涵。判断房子的价值通常会考虑诸多因素，包括地段、交通、商业配套等，那么有没有一个因素比这些因素加起来扮演的角色还重要？有，比如新楼盘的带动，比如和某个高价值板块形成价格体系的关联，它对房价的提升作用比前面多个因素加起来还要大，这是房价的相关性原理要告诉你的。你理解了这个原理，一下就能理解为什么像北京朝阳公园西门那么好的片区却一直是价格洼地。另外，学区房的价格远高于周围同类房，很多人认为教育资源值这个钱，其实上当地最好的私立学校也不需要这么多钱。可你想一想，购买这套学区房的买家真的多花出去几百万元吗？可能并没有，有时可能还赚几十万元。所以导致学区房价格坚挺的原因不是其包含的学区资源价值高，而是其稳定的流动性。这就涉及房价的流动性原理，理解了这个原理，就会知道旅游地产为何不适合投资，以及未来对学区房价格打击最大的会是什么。

学会如何对一套房子进行分析后，又如何分析一座城市的房地产市场呢？我们又该如何理解整个国内的房地产市场呢？在第二部分，我给你准备了一个好用的工具，它可以把你分析房价时剪不断、理还乱的诸多变量，比如市场预期、供需关系、调控手段、金融政策等，浓缩在一个房价热气球模型里。通过它来探测市场温度，便可知房价的升降。

掌握这些原理和工具后，我们再来看一部大片——波澜壮阔的地产发展史。故事的元叙述是一条虚线——18亿亩耕地红线，由于这条线的出现，线外土地变得稀缺，房子也跟着变得稀缺。于是大家就慌了，赶快把过去几十年的积蓄、未来几十年的预收入都拿去买房子，导致大家后来都看到"越买越涨，越涨越买"这样一个风火轮的形成。这种让人内心充满焦虑的运行逻辑操控了房地产市场20年，直到下面这13个字出现：

> 房子是用来住的，不是用来炒的。

从那时起，从房地产市场运行的底层逻辑到买房的逻辑又变了，这就是第三部分要告诉你的。

变化虽难以预料，但高潮不断，接下来见证历史的时刻到来了。

未来楼市3个最大的变量，分别是地壳级的、核辐射级的、流行病级的，我的这几个发现分别是"城市漂移"、"房产税里隐藏着一个核辐射装置"和"烂尾楼的传染性"。每个变化的程度都超越了之前，这时仅靠单兵技巧已经无法做到"人定胜天"，你必须看清"脚下的地在走，身边的水在流"，赶快穿上防护服，跳上一个上升的板块。这是第四部分要告诉你的。

最后一个部分就是实操篇，为你逐一解开永远都存在的买房

18纠结。我会把买房的相关问题,比如买房时机、如何选城市、选片区、选房子,以及要避开的坑都一一说清楚。

这些就是我个人20多年投资买房积累的经验、从事房地产行业换来的经验,以及帮助大量购房者反复实践和验证过的经验的沉淀。

按照我的预想,合上本书后,你已经武装到位,可以踏上买房的征程了。你不会轻易陷入他人设下的陷阱,你遇到的问题都将是一道道有解的方程,你会体验庖丁解牛的快感,还有验证历史的从容。我服务买房人的理想也就水到渠成地实现了。

第一部分

买房三原理

20多年来,我国的房价变动一直遵循着3个基本原理。

稀缺性原理:稀缺性不单纯指位置稀缺,更是指资源稀缺,而且是有人"抢夺"的资源。

相关性原理:房子的升值潜力大不大,体现在它有没有一个最相关的带动者。

流动性原理:上涨的动力多大体现在房子流动的可能性有多大。

掌握这3个原理的人,或者误打误撞用上这3个原理的人,都成了房地产市场发展的受益者。

稀缺性原理

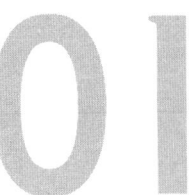

房地产是以资源的稀缺性和对资源的"争抢"程度来定价的,但很多人会陷入"稀缺性误区"——有些看起来稀缺的房子其实并不值钱。因此,我们需要了解稀缺的真正内涵。

什么是稀缺

"地段,地段,还是地段",李嘉诚的这句话已经成为房地产投资的金科玉律。通俗来讲,大家对地段的认知主要是看楼盘的地理位置、所属学区和配套规划,比如交通、医疗、休闲娱乐、教育、金融、体育等。其实,这句话背后的本质是"资源,资源,还是资源"。

房子的商品价值并不由房子本身或地段决定,而是由蕴含在房子里的资源价值决定,而资源价值又是由其稀缺性来定价的。

地段仅是表面的概念,在分析地段时,还要进一步挖掘一个楼盘蕴含的资源有多稀缺。例如，一个楼盘是靠近全市唯一的CBD（中央商务区），是位于最好的学区，还是处于市内最佳景观地段？例如，杭州房价较高的3个地段：第一是西湖边，大家都可以想到；第二是钱江新城CBD，那里高楼林立，到现场一看就知道；第三是稍显破旧的文二新村所在地，因为它附近有杭州知名的学军小学和十三中。

当然，这些都只是静态分析，在此基础上，后面我们会在城市板块漂移的相关章节做动态分析，帮你提升关于地段的认知。

衡量稀缺性还有一个重要的参考值：不可替代性。可替代的同类项越少，稀缺值就越大，房子的价值就越高；相反，可替代的同类项越多，稀缺值就越小，房屋的价值就越低。我们可以简单地用可替代性公式来计量：

$$R=1/N$$

式中，R是稀缺值，N是可替代的同类项数量。

我们投资房产时主要看其稀缺值大小，并将其与实际的市场价值做对比。如果稀缺值和价值不对等，说明稀缺性还未被市场充分认识，那么我们就可以购买这个房产，坐等它的资源潜力被挖掘，实现房产的升值。

以北京市通州区为例，其早先只是北京市14个卫星城之一，那么$N=14$，稀缺值就很小，即$R=1/14$。现在通州区是北京的副中心，假设其地位、商业核心区的定位未来可以和国贸、金融街相媲美。这时，$N=3$，稀缺值一下就由1/14变为1/3，房产价值自然大幅提升。

用前述稀缺值公式来预测深圳的写字楼市场，我们可以简单地得出一个结论：深圳福田CBD写字楼的价格未来会相对下调。因为现在深圳不仅有一个福田中心区 CBD，还有一个地位略次之的南山区后海 CBD，听说未来规划要建 6 个这样的城市会客厅，包括前海、深圳湾超级总部等。如果以后同类项的建设规格差不多甚至更高，福田 CBD 写字楼的稀缺值就会从 1/2 降至 1/6。当然，这并不是说价格会降到此前的 1/6，而是说价格会相应地下降。

稀缺性原理容易理解，但在运用的时候，我们要关注那些看不到的地方，也就是那些独到的稀缺性上，因此我们必须更深入地分析挖掘。

以海岸线地产的稀缺性为例，深圳有十几千米的海岸线地产，在这些地产项目中，我们要进一步分析如何找到稀缺中的稀缺。当年我看了深圳所有的海岸线地产项目，它们和海边都隔着一条滨海大道，人要到海边去，需要过一条宽马路，很麻烦，只能在楼上看看海景。只有一个地方的滨海路是在项目的另一侧，项目和海是零距离的，这个项目就是半岛城邦。当时在这些海岸地产项目中，半岛城邦因位置相对偏远，表现平平，但后来它成了海岸线地产里最贵的项目。所以，分析不能止于表面，这样才能找到上面公式中同类项比较少甚至是独一无二的楼盘。

稀缺心理与购买决策

美国心理学博士明迪·温斯坦在《稀缺策略》一书中提到，稀缺会增强人们做决定的紧迫感，导致人们出现"现在就要买"的心理。这种心理基于 3 种"人性弱点"：

- 阻抗心理。我们不喜欢失去掌控的感觉，稀缺会让我们焦虑，唯一的解决办法就是得到那件稀缺品。
- 心理捷径。大脑喜欢寻找一些有助于我们快速做决定的线索与信号。如果一个楼盘有很多人购买，我们会倾向于认为这个楼盘一定有其独特性。
- 损失厌恶。比起得到，我们更害怕失去，相比于降价，我们对涨价更敏感。

在这样的心理机制下，稀缺逐渐成为市场营销拿捏人的一种手段，因为它极大地改变了人们的想法、行为和态度。

房地产行业也是如此，比如排队摇号曾是当年售楼的标配。有时房源并不稀缺，开发商为了促进销售，会有意让客户有中奖感。业内有个专业名词叫"逼定"。开盘时，开发商会让很多人和你排队竞争，只排一次不行，至少要排三次，确保你在饥肠辘辘、前拥后堵、头脑发热之后开始买房。这个过程还伴随着售楼处大喇叭不断催促的声音："×号楼×单元已被选定，恭喜这位业主！"声音很大，这一声声提醒意味着你的选择范围在一点点缩小，你的情绪也跟着越来越急躁。

这个议程设置的关键点是，它精准把握住客户的心理：你本可能犹豫，但是当别人和你抢的时候，你的态度就变得坚决了，并且一般都不会中途放弃。放弃意味着前面的功夫都白费了，出于"厌恶损失"的心理，直到你离开售楼处，脱离那个环境、那个心境，才发现你之前准备好的所有议题，例如看看价格合不合适、优惠力度如何、户型是否满意，甚至给自己设定的一些决策参考线，一下都被另一个议题替换掉了，也就是这么长时间和运气换来的机会难道要放弃？

挖掘真正的稀缺

在《稀缺策略》一书中，作者把商家惯用的稀缺策略分为 4 种类型：需求类稀缺、限量版稀缺、供应类稀缺和限时类稀缺。

需求类稀缺是指由于人们需求高涨，产品出现短缺的稀缺现象。中国房地产蓬勃发展的几十年，总体就是以需求类稀缺为主导。人们越买，房价越涨；房价越涨，人们越买。

限量版稀缺是针对有专属性需要的人群，它基于有限的商品数量而产生。比如上文提到的半岛城邦，它的限量体现在它是唯一与海岸"零距离"的海岸线楼盘，因此它的供应也是有限的、稀缺的。

供应类稀缺是指没有足够的商品销售而出现的短缺现象，比如开发商在特定时间内推出特定数量的房源。

限时类稀缺是指通过时间限制创造稀缺性，时间压力会增强人们购买促销产品或服务的意愿。比如"这周不买，下周会涨价"的说辞，会推动人们在有限的时间内做出购买决策。

这 4 种稀缺运用到现实中有两种情况，一种是房子本身确实有稀缺元素，另一种是人为地为本不稀缺的房子赋予稀缺价值。我们要学会挖掘真正的稀缺性，同时不被人为制造的稀缺性蒙蔽双眼。

早些年在广州，有一个楼盘当时已经卖了至少两年，销售情况不好。但这个楼盘位于广州 CBD 的珠江新城，面对的是珠江最美的一段江景，房间的布局也典雅大气，属于上文提到的那种叠加双重稀缺性的好房。

珠江新城作为广州的城市核心，未来很长时间内不会变；珠江作为广州市景观的灵魂，其价值也难以被取代。北京和深圳当时还没有这种品质的楼盘，于是它更大的稀缺性立马就显现出来了。

这个楼盘开始两年卖得并不好，客户虽然认可它的品质，但因为每平方米售价比周边的另一楼盘贵了七八千元，客户比较后很难出手。最后听取了一系列专业建议后，开发商设定了稀缺性的价值目标，不去和周边楼盘比价，而是和周边的价格区隔开来，通过定价选择客户，进而形成一种新的稀缺性。当时开发商锚定了珠三角高净值人群为目标客户，以"中国最好的豪宅"的定位来打造消费者的信心体系，最后使目标客户认定这个楼盘是中国最好的豪宅，剩下的问题是如何抢到这样一套房子。这种影响不断叠加，卖着卖着，大家就开始抢了。当房子越卖越少时，开发商进一步强调稀缺性，房价不断上涨。正是因为挖掘了一个巨大的稀缺性特征——中国最好的豪宅，才有后来的结果。当时广州也有两个对标楼盘在卖，命运却同这个楼盘大相径庭。

这就是稀缺性，购房者可以依照这个思路计算出楼盘的稀缺值，再决定是否购房，最终实现自己的利益最大化。

综合前文阐述，我们可以对稀缺性原理的稀缺值做一个修正，给出一个更加精准的公式：

$$R=P/N+X$$

式中，N 是可替代数，X 是可再生变量，P 是大家抢夺的积极性。P 越大，R 就越大，说明房子越有价值；N 越大，R 就越小，说明房子价值越低；X 作为一个变量，对稀缺值的影响有正有负。

从上述例子可知，购房者努力寻找的是 $N=1$ 且 $X>0$ 的楼盘，前面提到的半岛城邦就是如此。关键在于，在其他购房者没有意识到楼盘的 $N=1$，即它有独一无二的优势，没有看到它未来的发展潜力，甚至把暂时没有被开发出的潜力视为劣势时，你能慧眼识珠，先下手为强，那就能坐等房产升值。培养自己发现稀缺性的眼光，运用好稀缺值计算公式，深刻理解稀缺性原理，可以帮助我们做出理性、稳健的买房决策。

谨防稀缺性陷阱

每个楼盘几乎都能找到独一无二的稀缺性，这就容易让人产生错觉，加上开发商和中介的推销，你就很有可能会掉进稀缺性陷阱。

比如北京房山区的十渡，有山有水，这在北京屈指可数吧？可是稀缺与否是相对于购买者来说的，如果需求者很少，那么稀缺值就要大打折扣，所以十渡的房产并没有因此增加多少价值。

再比如北京东城区和西城区的四合院，毫无疑问是极其稀缺的。当初大家都认为中央政务区方案一公布，房价一定会飞涨。我当时就大胆预测不会如此，因为买得起还想住到市中心的人很少。

北京东二环内的某"空中别墅"，多年来价格一直不高。为什么豪宅卖不过普通住宅？因为它的户型最小面积 300 平方米，能拿出这个总价购房的人基本不会在这个地段买这样的房子。楼盘资源虽然稀缺，但客源更稀缺，它的价值因此涨不起来。

以此推导，可以得出以下 4 个结论，供购房者避开稀缺性陷阱。

科技住宅不值钱

所谓稀缺资源，除了不可替代，短时间内没有替代品也是衡量标准之一。按照这个标准，科技住宅就很难符合条件，因为那些智能的部分会被快速复制，在科技发展的加持下，更新换代的速度很快。所以，打科技概念牌的楼盘很快就会过时，明白这一道理后很少有人会为这一稀缺性买单。

事实上，最早推出科技住宅概念的项目大多遭遇了失败，原因就在于科技资源算不上真正的稀缺资源，并且投入还不少。开发商自己当它是个宝，但消费者并不买账。

当然也有例外，比如北京一家地产公司就是靠搞科技住宅走向成功的。但事实是这家公司"不听劝"，非要打造科技住宅概念，结果为了搞一项科技住宅的指标折腾了好几年，总出问题，业主经常投诉，导致项目不过关。为此，项目拖了两年才重新开盘，结果歪打正着，拖过了2008年的低潮期，等来了此后一轮市场大涨，利润立马翻倍。

如今时过境迁，科技深入生活，不少科技概念可以提升生活品质，增加美誉度，也可以带来少量溢价，但这都不属于稀缺资源。

传统中心区房价易从山顶滑落

每个城市都有一个中心，那里理应是当地房价较高的地方之一，是可选择的房产保值增值的最佳地段。但是很多城市热衷于打造新的CBD，这就引发了新的问题，原来的中心区相对稳定的稀缺性会因此转移,甚至被稀释殆尽。

这里要注意的是"殆尽"。因为传统的稀释,比如景观资源,即便再造一个,稀缺值顶多是从 1/N 减至 1/（N+1）。但中心区的资源转移和稀释具有通道效应,一旦开始,就会进入趋势通道。这个长长的通道会让房价从山顶滑落到山腰甚至山脚,在这个过程中,你甚至毫无察觉。

比如深圳的传统中心区是罗湖区,长期以来那里都是全市房价最高的片区,可从 20 世纪末起深圳开始建设福田 CBD,罗湖区的建设虽没有停步,但房价逐渐被福田区超越。再后来深圳继续向西建设新的南山区后海中心区,罗湖区的房价在市区垫底了。

只有一个 CBD 的城市的房子更值钱

我们还可以继续推导,同样量级的省会城市,只有一个 CBD 的城市的房产价值会比有多个 CBD 的城市的房产价值高。

大家可以观察一下,纽约曼哈顿中央公园周围、香港维多利亚港湾的半山等地有全世界最贵的房子,因为这些城市只有一个中心区,不可替代。而能成为唯一的中心,又是因为这个中心是自然景观和人造繁华的双重叠加,即稀缺性的二次叠加,这就变得不可再生、不可替代,是永久的稀缺资源。

所以,在我们想买中心区 CBD 的房子时,一定要看看这个 CBD 是不是永久的稀缺资源,以及是不是多叠加了一层稀缺性,叠加的稀缺资源越多越好。当然,随着中国城市化进程接近尾声,新造一个 CBD 的宏图实现难度陡增,很多大城市房产的买家可以不必担心这一问题。

学区房价格惨遭稀释

学区房价格过高的本质是买家对于流动性的乐观预期,在有关流动性原理的章节,我会重点讲这个问题。这里基于稀缺性原理来推导,也可以得出同样的结论。

当前社会的主要矛盾是人民日益增长的美好生活需要和不平衡、不充分的发展之间的矛盾,优化教育资源配置是社会关注的焦点问题,被列为优先解决的问题。

因此不管是哪个城市,优质的学区资源都会被逐渐稀释。基本模式是名校的教育集团化,即名校收编普通学校,把它们变成自己的分校。由此,名校的资源被稀释,由其稀缺性主导的房产价值也会被稀释,房价很难再延续曾经的涨势。

相关性原理

影响房价的因素有很多,地铁、公园、配套设施……但有一个因素的影响力度比其他因素的影响力度之和还要大。我想以我的亲身经历来说明:你是谁不重要,你和谁在一起很重要;见识大于知识,看见即得到。

锚定最相关因素

很多人曾受益于深圳的发展,先是做外贸的,后来是开工厂的、炒股的、做房地产的,再后来是从事高科技行业的……深圳催生出众多大企业和成功者。

但在一部分人看来,最大的赢家是早期那些不停买房的人。在深圳的人都知道他们是成群结队的,每个群体有一个带头的人,可能是老乡,也可能是同事或同学,一人买房带动了身边一帮人买房。那时买深圳的房子真的不难,首付只需一两万元,甚至有时候是零首付,有的还是精装修,收房后就可以出租。但租金一般抵不了月供，会差一点儿，所以很多人开始是不敢买，后来是没尝到甜头，价格涨了就不买了，再往后是越涨越不买了。

有句话叫"你是谁不重要，你和谁在一起很重要"，身边有一位这样的相关者带动有时候是影响决策的必要条件。那么，带动房价的相关者是谁，即一个楼盘的价值、价格如何形成受谁影响？

我们先来设身处地地想一下，如果你是开发商，在一片空地上盖一个楼盘，你觉得应该卖多少钱？你以自己的成本来算，是不对的，要看市场；你通过各种配套设施、规划、环境来打分、计算，也是算不出来的。这时你肯定会在周边使劲儿地找，看看有没有和自己的楼盘相似的，有的话，价格就靠上去——这个过程就是找相关性。相关性在楼盘的价格形成过程中起最关键的作用，开发商以此定价，买房者也会以此确认。

房价的相关性原理要探讨的就是，一个楼盘，假设在产品、地段和户型等条件都已确定的情况下，新增哪个因素可以最显著地拉动房价。一个目标楼盘有若干个相关量，我们需要从中找到哪个相关量对该楼盘价格的影响最显著。一旦找到，其他因素都可以忽略，它对应的这个因素就是最相关的因素，它可能是新楼盘的带动，可能是拥有某个学区资源，或者是某个特殊高收入群体……这时房价就由这个关键因素来确定。

房价的相关性原理告诉我们：一个楼盘的价值形成在于锚定的最大、最相关的因素，而不是将各因素综合起来平均看。因为在价格形成过程中，那个最相关因素会形成相关性效应。也就是说，它会锚定相关目标项，形成自己的价格参照系，有点儿"只看一点不及其余"的意思。

这其实是一个反常现象，出现在房价处于上升通道时的中国。它的核心意思是，房价在形成过程中可以只看拉动上升的最大动力源，而不是全方位的合力。

所以，我们要学会找到最相关的因素，知道它可以锚定哪个定价体系，进而推算出这个楼盘的最大潜力值。也许目前还没有达到最大潜力值，但它会一直往那个方向走，这个方向就是我们买房的决策依据。

注意，这是房价上涨过程中的价格形成机制，如果行业处于下行通道，价格形成机制则不完全一样。

这里面的最大相关因素，大家很容易想到的是学区关联：某个小区一旦和名校关联上，不管其他因素如何，都能卖出好价钱。其实过去几十年里，相关性原理中发挥最大作用的是新楼盘的带动，即对一个楼盘的价格来说，周边新楼盘带动的影响是最大的，这一因素往往比其他因素加起来的影响还要大。

中国房地产行业处于上行通道时，楼盘越建越好，价格也越来越高，一个片区新出现的楼盘往往会成为品质标杆，价格也会随之成为标杆。在新楼盘出现前，片区通常没有谁敢带头过高地提升房价，顶多跟着大势普涨，但新楼盘一出来，就会标出一个新高度。

之所以如此，有两方面原因：一方面，新楼盘因为成本增加，需要高定价；另一方面，有足够的宣传费用和片区炒作动力，追求高定价。于是，新楼盘的价格被标高的同时，也会带动片区其他楼盘借机调整价格。如果一个片区内新楼盘不断涌现，价格的带动会表现为此起彼伏，那么就会形成一个所谓的热点板块，该片区所有楼盘的价格都会跟着飙升一大截。

我记得 2015 年一位北京的客户问我："我到底是买望京的房呢，还是买东坝的房呢？"他列出自己的比较过程，研究得很彻底，好像咨询过专家，像望京的人口数量、人流大小、建筑面积、未来几年的供需情况等，说了很多。其实我在那个时候对这两个片区都没有研究，只知道望京是一个成熟的片区，东坝似乎有几个新楼盘在推，我就肯定地告诉他："买东坝。"

在他买了东坝的房子后，这个片区的房价果然大幅提升，涨的部分远超原来计划购买的望京的楼盘。我为何能在不了解片区的供需、配套和产品的情况下直接给出答案呢？

因为我知道最重要的因素，它有别于其他因素，影响更是大到可以忽略其他因素，那就是望京没有什么新楼盘，而东坝当时会推出几个新楼盘。没有新楼盘推出的地方就是走一个大势：全市都涨，就跟着涨。东坝不一样，这个片区的房价会被新楼盘推着走，比如第一个楼盘卖 3 万元每平方米，第二个楼盘就会卖 3.5 万元每平方米，再开个新楼盘，价格就会升到 4 万元每平方米，房价会一节一节地攀升。事实就是这样，这位用户两年后特意来告诉我，他比当初选望京多赚了 180 万元。当然，随后几年望京盖起了一片写字楼，众多大公司入驻，房价也被推高，那是另一个原理开始"交接班"起作用了，我们会在后文中分析。

从底层逻辑来说，凡事我们要抓住最重要的因素，忽略次要的，这样我们才能做出相对正确的决策。像新楼盘带动这类因素，可能只有做过开发商或做过几个楼盘的人才能知道，站在普通购房者的角度很难看清里面的门道。我把这个原理分享出来，希望可以帮助大家做出更好的购房决策。

用相关性原理选房

几年前,某知名地产机构在微博上发布过一项排名,统计在北京投资收益率最高的 10 个楼盘,排名第一的是一个大家没想到的楼盘——润枫水尚。刚好我投资了这个楼盘,应用的就是相关性原理。

大家可能奇怪,这个楼盘既不是由名企开发,又不处于绝佳地段,更不是多么有特色的房子,为何能跑赢大多数楼盘?因为它符合房价的相关性原理。我们来具体分析一下,看看它是如何颠覆我们固有的买房知识和判断逻辑的。

不是说买房首先看位置吗?润枫水尚所在的青年路当时正在改造,从市里过去还要过铁路地下通道,楼盘在四环外接近五环的位置,因此与同期推出的四环内楼盘在位置上相比不占优势。

不是说要看交通吗?是的,如果在东四环沿线逐个扫描,四惠当时是通地铁的,交通也比润枫水尚方便得多。

不是说还要看配套吗?润枫水尚周边当时什么都没有,朝阳大悦城是后来才建的,马路两边都是换轮胎的门店,饭店都主营烤串,小商店也都开在简易棚里,总之怎么看都是城乡接合部。

那它有什么优势呢?

按照通常的逻辑,润枫水尚卖不过已开通地铁的四惠板块的楼盘,更卖不过其他地段好、配套设施完善或者名企开发的楼盘,但是它就是成就了这样的奇迹。难道是前述那些重要因素没发挥作用?

实际上,不能说它们没发挥作用,只是发挥的作用都没有某个因素发挥的作用大。我当时选择润枫水尚,就是冲着这个因素：润枫水尚旁边有个明星楼盘星河湾，二者相距仅 500 米，星河湾有一期、二期、三期，接力地推，必然会逐步推高价格，必然会带动润枫水尚的价格。

记得那天，我正在奥林匹克森林公园旁边的世茂奥临花园看房，有朋友告诉我星河湾边上有个楼盘在卖。我随即直接开车到青年路，毫不犹豫地买下了一套房子。

当时我刚调来北京工作，拿着地图买房，就瞅准北京地图上大片的绿色——奥林匹克森林公园，一直在它周围找房子。北京不临海，我想森林公园也是北京的稀缺资源，就这样找到了世茂奥临花园。

事实证明当时这个选择是对的。当年世茂奥临花园各方面条件都比润枫水尚高出一大截，有生活配套设施，交通相对便利，地产商也有名，堪比奥林匹克公园片区明星般的存在，更是进一步推高了它的楼盘形象。但是这些有利条件和"新盘带动"这条相关因素相比，就是小巫见大巫了。开盘时世茂奥临的价格几乎是润枫水尚的两倍，但后来润枫水尚的房价反而比世茂奥临还高。

最大的相关因素

相关性原理发挥作用的核心原因是房价无锚。因为无锚，房价可以自由上涨，接下来就看哪个因素对房价的拉升作用最强了。这就要看具体推高价格的动力传导机制，哪个最直接、最有效。

比如地铁的开通使交通更便捷，这是促使你选择这一片区的因素，但它不是使房价显著增长的因素，更无法换算成房价的上涨空间。价格的上涨必须通过购房者人数的增加，引发供求关系的变化，进而传导到价格上。所以我们看到很多地铁盘并不是地铁一开通价格马上就大涨，首先上涨的往往是房屋的租金。

再比如附近加建很多写字楼这个因素，很多人认为这会迅速带动房价上涨，因为就业的增加会带来购买力——白天在办公室每人占3平方米，晚上就需要30平方米。但是写字楼的增加对房价的带动也不是直接的、立竿见影的，也是会先拉升这个片区的房屋租金，房租升高会促使大家由租房转换到买房，因此购房者增多，供求关系变化后才会影响到房价。因而这个因素的带动作用，在上述传导过程中有时间差、传导差，和很多人想象的不一样。

除了交通更便捷和周边写字楼增多，类似的因素还有很多。如果旁边新修建了一个大公园，环境变美了，大家理所当然地认为这会立刻拉动房价上涨。这的确会影响购房者的购买意愿，但还是无法直接反映在房价上。

唯独能够给楼盘带来直接的、确定的价格参照的，就是周边新楼盘的推出，特别是明星楼盘的推出，会直接给所属片区重新定价。

要有可比性

2013年，某地产商在北京拍了块天价地，地块位于北京农展馆附近，楼面地价是周边二手房房价的两倍，业界一片哗然！

地产商自然有自己的逻辑：这样的地块，极度稀缺。旁边有农展馆的小湖泊，还靠近使馆区，地段和资源确实绝佳。

看到这里，如果回到当年，你可能行动起来准备发大财了。当然，不是去买这个新楼盘A，因为它太贵、门槛太高，而是要根据相关性原理，去抄底周边的二手房。

当时，A楼盘估计每平方米至少卖8万元才能打平成本，周边的二手房每平方米才不到3万元，未来必然会被新楼盘带动起来，不说翻番，涨50%没问题。如果首付30%，那么一年后收益率约160%。

然而事实并非完全如此！从当年A楼盘所在片区二手房的价格变化来看，A楼盘对房价并没有带动效应。

是相关性原理有问题？实际上，不是相关性原理有问题，反而是相关性原理发挥了作用。相关性原理中有一个很重要的条件，就是要有相互关联性，也就是说两个事物之间要有可比性。

农展馆那边的房子都是楼龄二三十年的老房子，和A楼盘差距太大，根本没法比，因此缺乏相关性，更谈不上带动了。

能说明相关性原理仍然在起作用的是，A楼盘带动了与它距离稍远点儿的几个和它档次相当的楼盘。在A楼盘推出后，受其带动的B楼盘的价格直线上升，虽然其中有大势影响，但后来受政策调控，同片区房价下降，B楼盘依然可以摆脱周边行情，说明其的确受A楼盘的价格带动。

最后，我们再回顾一下，请记住：在购房时，我们会受很多因素的影响，因此一定要考虑最重要的显性因素，那就是周边会不会有新楼盘推出，有没有学区房的关联或者板块的连接跃迁，有时一条路、一座桥，或城市界面改造，就能让楼盘一下子和某个高档板块在概念上连接起来，进而带来房价变化。因此，开发商不怕周边有优质楼盘竞争，这反而是好事。

我们还可以做扩展应用，比如从以下角度考虑这个楼盘：

- 有没有持续的二期、三期，期数越多越好，因为这是最相关的带动；
- 旁边还有没有可开发的土地，有土地才有新楼盘上市的可能；
- 有没有品牌开发商的进入，有没有更高档次的开发商；
- 周边有没有地王土地拍出。

03 流动性原理

中国房地产 20 年的上涨曾给经济学界出了 3 道难题：为什么中国人的收入低、房价高，房价收入比这么高？为什么中国的房屋租金低、房价高，租售比低得离奇？同一片区，为什么写字楼的成本投入高，却卖不过住宅？我在求解最后一个问题时发现，这 3 个问题其实是一个问题，并且都基于同一个原理，即房价的流动性原理。

写字楼卖不过住宅

我刚到金地集团工作时，位于长安街上的金地中心让我第一次遇到了营销难题。

金地中心是集团第一次做写字楼，又在这么重要的位置，自然是请了世界顶级公司做规划和建筑设计，用的也是当时最好的建筑材料和工艺。

可是，金地中心却卖不掉，准确地说，是卖不了好价钱，甚至比周边的住宅价格低至少30%。最后想整售，价格打7折仍然卖不掉。无论用什么方式计算，内部收益率都非常低。

这么好的位置，这么高的建设规格和标准，集团投入了比普通项目多几倍的精力和时间，结局为什么会如此？

之前，深圳也有过类似的突出案例。20世纪90年代末，某地产公司计划在当时的市中心罗湖区建一栋超高写字楼，可建到一半时发现写字楼前景暗淡，最后他们的做法是转变方向做住宅。这成为当年业界的一大话题。作为写字楼，四面临马路是好的；作为住宅，这一点就不好了，噪声太大且出入不便。尽管如此，该地产公司还是要改，因为当时深圳的一个权威地产服务机构发布了一个报告，称"深圳写字楼严重过剩，即使40年不建新写字楼也足够用"。当然这个结论不久以后就被"打脸"了，但不管处在什么样的市场周期，无论是写字楼销售艰难的时候，还是后来市场大发展的时候，写字楼卖不过住宅这条规律都没有被颠覆。这是一个持续数十年的事实，原因何在？

在中国的房地产界，和上述这个问题同时存在的还有两个谜题：

- 为什么中国人的收入低、房价高，房价收入比这么高？
- 为什么中国的房屋租金低、房价高，租售比低得离奇？

其实，这两个问题和我在金地遇到的问题是相通的，是一个问题的3种表述，只要知道自己遇到的这道难题的答案，剩下的两个问题也就迎刃而解了。

先说写字楼卖不过住宅的问题,答案是写字楼和住宅的定价体系不一样。

写字楼是根据收益率来定价的,即租金水平。比如,写字楼一间房的年租金是 10 万元,一般按 12 年收回投资来计算,那它的价值就是 120 万元。

住宅的定价则完全不考虑租金,而是看买卖差额。比如,100 万元的房子,首付 30 万元,一年后房价涨了 10 万元卖掉,那么收益率大约为 30%。100 万的房子一年涨 10 万元并不是什么难事,所以在这么高收益率的吸引下,人们很容易就决定购买。我通过这套房一年赚了 10 万元,别人买了一年又涨 10 万元,他再卖,收益率也是大约 30%。这套房子就在 30% 的良好收益率下不停地被转手,价格自然不停地上涨。住宅在交易的过程中不断被加价,而写字楼是没有这个过程的。所以,住宅的房价和租金没有太大关系,这就回答了租售比低的问题。

如果一个东西,我买了可以赚很多的钱,我为什么不借钱、筹钱去买?因此,房价和收入水平也没有直接关系,这就回答了房价收入比高的问题。当房子被大家普遍当成了投资品,它的使用价值是被忽略的,其价值是由房子的赚钱能力决定的。这时,人们买房赚取的不是租金收益,而是增值部分。

流动性决定升值潜力

为什么购买写字楼不能像购买住宅那样,不关心租金,只追求增值部分的收益呢?因为买写字楼的人很少,绝大部分人都是租，你买了写字楼后很难转手。这里的区别就是：写字楼缺乏流动性，而住宅具有很强的流动性。缺乏流动性的产品，要看租金收益；具备流动性的产品，才考虑其在买卖过程中的增值。

因此，我们就挖掘出了买房领域最重要的定律：房价的流动性原理。

房价的升值潜力是以流动性的强弱为重要参考指标的。流动性越强的楼盘，升值机会越大；缺乏流动性的楼盘，升值机会很小。换句话说，可能接盘的人越多的楼盘，越容易升值；没有接盘的人，就无法实现升值。

这是因为房价的每一次变化都必须在交易中完成、显示出来，房屋交易本来就是低频交易，如果没有交易，价格就会停在原地。这就像一个人的薪资水平，如果工作一直没有变动，可能工资也不会有太大的变动。同班同学，为何毕业几年工资会差几倍？并不一定是因为能力差几倍，而是各自从事的行业跳槽机会可能差几倍。当然，这里不是比较真正跳槽的频率，而是比较可跳槽的机会数量。在中国楼市处于上行通道的时期，转手加价成为大家普遍接受的事实，可转手的机会越多，累计加价的幅度就越大。大家已接受一个买房逻辑：越涨越买，越买越涨。流动性会推动涨价，涨价又推高流动性，流动性和房价形成了一个正循环。

所以，流动性原理本质上是有效供需的一个推论，是建立在房产的金融属性被过分强调的社会现实上的。

要强调的是，此处的流动性指房屋的可流动性，并不是指真实流动频率。它并不像金融产品，流动越快越好，房屋流动性有一个实际范围。这里，我们还可将流动性区分为流动可能性和真实流动性，具体指导买房决策。

流动可能性，即愿意接盘的人有多少，这个数值越大越有利于房屋升值，但真实流动性有一个合理值，并不是越大越好。流动性原理被更多地应用在二手房的买卖中，我们通常以二手房的换手率作为流动性的表征量：

小区换手率 = 年度成交套数 / 小区总套数。

在不同的城市、不同的市场阶段，这个数值的理想值也不同。比如在北京，我们观察到正常年份的最优换手率为3%～6%，这种情况下小区的升值表现相对较好；2%～3%为正常区间；低于1%为不活跃，升值情况不够理想；换手率达到10%以上属于过于活跃，此时就要先看看这个片区是不是有什么特殊情况发生，比如该片区内房产属于限价房，5年禁售到期后房主纷纷套现，等等。通过对其他城市历年二手房成交情况的观察，我们一样可以看出，小区房价的涨幅和流动性之间存在明显的相关关系。

流动性与地段的公认性、户型的普适性、产权的明晰性及交易的易达性等正相关。越是位于大家公认的好地段、拥有接受度大的经典户型、产权明晰和容易买卖的房子，越能以较好的价格成交。

从宏观来看，房价还和地区的人口流动性，买房主流人群及其价格承受能力，二手房中介的发达程度，以及房价水平、购房政策等有关，这些也都是流动性原理在不同层面的表达。

比如，北京单价高、总价低的房产流动性较好，面积在60

平方米以下的二手房在总交易量中占比30%，60～90平方米的占比约40%。合肥房地产市场的情况就不同了，90～120平方米的紧凑小三居的交易量最大，60平方米以下的房源很少。

也有一些类型的房子具有天然的流动性，比如学区房。用流动性原理就能够很好地解释学区房的房价为何高得惊人。

至此，地产界的几个疑难问题，比如为何小户型比大户型还贵、稀缺的别墅为何涨价慢等，就都有解了。

要记住，如果你希望你买的房子升值，最重要的一条定律是考虑它的流动性。有了这条定律，其他很多定律就没那么重要了。当然，如果整个市场处于下行通道，或者买房仅是为了改善居住条件，情况就变得不同了。

买房的几个典型问题

用流动性原理来检验和解释一些所谓的买房规律，就更容易理解其内在逻辑了。我们也可以据此来判断要买的房子有没有升值潜力。比如下面几个买房的典型问题，就有了很好的答案。

为何核心地段的房子最保值

因为核心地段的房子得到普遍认可，流动性强。

从北京过去10年的房价起伏中可以看出，每轮上涨都是东城、西城、海淀、朝阳这些土城区先发起且上涨速度快；在经历像2017年3月那样严格的调控时，这些城区的房价也是下降相对比较平缓的。所以，多年过后，中心城区和郊区的房价价差变得更大。无论楼市处于上行通道还是下行通道，中心城区的成交周期都相对较短，即流动性偏强，通俗地说，就是任何时候都有接盘的人，所以可以实现相对保值。

为何学区房这么贵

要明确一点，学区房之所以贵，并不是附加的教育资源值这么多钱。

我们可以以深圳百花片区的学区房为例，房价高峰时学区和非学区的一套房价格通常差300多万元，如果拿这300多万元读6年小学，在深圳可以在私立学校中自由择校。所以学区房贵不是因为这个学区资源值这么多钱，而是因为学区房有铁定的流动性。买得再贵，几年后加点儿价还能卖出去，还会有人接盘，所以再贵也敢买。这个"敢"是基于对学区房具有铁定的流动性的判断，而不是对其教育资源的计算。

其实你并没有因名校多花300万元。只要这个"铁定的流动性"在持续，你就可以收回成本，还有可能赚点，且享受了好的教育资源。学区房就是因为其流动性"铁定"，在这样持续的流动中，价格完成了不断攀升，以致天价。

在后面实操部分的学区房专题里，我还将对此展开论述。

为何小户型房比大户型房涨价快

即使在同一小区，也会出现小户型的单价反倒高过大户型的反常情况。这是因为小户型的流动性更强，也说明这个城市的这个片区，在这个阶段，还是刚需买房的人多。

为什么北京朝青板块涨价最慢的是片区里品质最高的星河湾？因为该小区户型偏大，接盘者少，流动性差。在星河湾小区内,也存在"小户驱逐大户"的情况。顶层复式各方面条件都好,但因为面积高达 508 平方米,2024 年年初的报价每平方米是 7.8 万元。同一小区里 232 平方米的三居室,每平方米的价格可以到 9.4 万元,而后者在小区的位置等各方面都不如前者。之所以出现这种情况,就是因为大户型的接盘者少,流动性太弱。

为何别墅涨不过普通住宅

大家知道,我国先后 5 次颁布了严格的"禁墅令",这说明别墅会越来越少。按理来说,土地稀缺,人口众多,中国的国情就不容建很多别墅,但人们又都有别墅梦,希望自己的家有天有地,那别墅应该因为稀缺性很贵才对。但不管是深圳还是北京,别墅都是这些年涨价最慢的。一开始我们还认为是大家没有住别墅的习惯,而且别墅大部分在郊区,位置偏远。现在来看,这不是远近的问题,因为随着城市化发展,过去看着远的地区现在也都不远了。主要原因是和普通住宅相比,别墅没有流动性。因为总价高,买别墅的人少,客户面窄,流动性太弱。没有流动就没有涨价,投资客也不敢碰,流动性就更弱,形成了一个负循环。

景区住房升值潜力大吗

旅游地产、旅游城市的风景区住房值得买吗?懂了流动性原理就很容易做决策了。我们可以看看云南的案例。

2005 年,昆明的房价每平方米只需 4000 元,房子还卖不掉。城市这么美,房子竟然卖不掉,究竟是怎么回事?

你可能说那估计是因为房子在郊区,或者是小开发商做的,产品有问题。实际并非如此，这个楼盘在昆明的亮点翠湖边上，是当地最大的开发商做的，还有深圳专家操盘手的加持。

后来我去了一趟，发现了背后的原因。单纯的旅游城市，能直接带旺的是酒店和客栈，带不起来住宅。

后来还有人想不通，排着队到风景优美的地方大搞房地产开发。众多大开发商都去丽江开发房地产了。我曾写文章劝他们"丽江虽美，不要贪杯"，但是他们都不听。"你来看看，我们这个风景多好，抬头可以看到雪山"，"你来看看我们的产品再说，我还没开盘，老板的朋友们就定了十几套"……

可惜，那时我还没总结出房价的流动性原理，还说服不了他们。

现在，我们用流动性原理一看就明白了。这样的地方风景是美，房子也可以建得很漂亮，新楼盘也可以有很大的影响力，甚至可以顺利卖出第一批，但是后面怎么办？有持续的客源吗？因为开发商不能像开盘时那样持续造势吸引外地客户，一个旅游大盘如果后面没有第二批客户，等于第一批客户购房后没有接盘者，楼盘没有了流动性，就没有上涨升值的故事。不上涨的楼盘，还会有人买吗？没有人买的楼盘，还能涨吗？如果不能形成正循环，这样的一个负循环就会悄悄开始：先期购房者会抱怨，觉得被搁在半空，而他们是最有说服力的一批人，他们的负面评价会阻挡后面的进入者。没有后面的进入者，项目客源断流，开发商就不敢继续投入，先期购房者抱怨更多，负循环加速，于是很快进入死循环，难以挽救。

这些旅游盘看起来并没有患上什么"绝症"，地段、环境、产品规划都没有大问题，看起来注入点儿钱就能救活，但实际上即使有人接手也不会有多大起色，很快就会变成"多器官功能衰竭"，想拯救都不知道从哪里下手。

很多开发商不懂得流动性原理，房子往往就会砸在手里；一般炒房客不懂得这个道理，也会一头栽进去出不来。我用一个反例来帮助大家加深理解。

那年，一个朋友在安徽黄山开发了一个楼盘，邀请我去看，我想无非就是云南故事的再版，就没去。后来对方一直邀请，盛情难却，没想到我去看过后发现这个项目我很喜欢。

春天的黄山简直是世外桃源，我随手拍了几张照片发在了微博上。那时微博刚兴起，一石激起千层浪，引得地产界同行纷纷去参观，结果这个楼盘成了地产界的网红盘。

但是快10年过去了，这个楼盘价格一分钱没涨，就是因为缺乏流动性。虽然楼盘所处景区风景好，但业主买了之后就一直留在手里，也没有接盘者。那样偏远的地方，没有本地客户群，像开盘那样组织外地客源也很困难，再说房子卖出去后，开发商也没动力来组织人流。没有交易，怎么可能升值？所以这样的盘就会与世隔绝，价格很多年不变。

总结一下，如果你看中一个风景优美的楼盘，一定要在心里打个"隔断"，提醒自己"我的购房是一次消费行为，而不是投资"，这样你就会心平气和地享受美景了。不然你会很失望，风景都变得不赏心悦目了。就像一些海景房投资客，本来是去享受"面朝大海，春暖花开"的，因为房子掉价，心情不好，于是变成了"面朝大海，风湿挂拐"。

这里介绍我自己的经历，就是想进一步提醒大家：从期待房产升值的角度看，要记住美景有毒！

我懂得很多理论，但也很难抑制为美景买单的冲动。面对文旅地产，如果实在抵制不住美景的诱惑，有什么看盘的门道吗？

答案还是应用流动性原理，关键要看两点：一是看开发商有没有能力建起"引水工程"，就是在全国铺设渠道网络、建立客户收集系统，让客流能够流动起来；二是看这个地方和大都市的距离能不能形成都市客户群的外溢，这样客流也能流动起来。当然，最简单的是看看本地有没有二手房中介，如果没有，那说明流动性接近零。

基于流动性的 13 个推论

房产的流动性类似金属的活性。具有流动性是房产升值的必要条件，流动性强弱决定了升值空间的大小。因此，我们在投资买房时，要重点考虑这层因素，可以利用流动性原理买到会升值的房子。

基于此，我们可以推导出 13 个买房结论：

- 同一位置，写字楼的价格普遍卖不过住宅。
- 和郊区的房子相比，核心区的房子更保值。
- 学区房溢价高于其资源价值，目前这一惯性正在被扭转。
- 限售会大幅抑制房价的涨幅。
- 同一片区内，户型面积适当的小区比大户型居多的小区升值多；同一小区内，户型适当偏小的房子比大户型的房子升值多。

- 小产权等问题房，升值潜力偏低。
- 特殊户型不具备升值潜力。
- "二胎房"的升值潜力大。
- 过时的老破小贬值更厉害。
- 一个城市处在全民买房阶段时，房价升值最快。
- 没有二手房店铺的地方，房价升值很难实现。
- 四、五线城市，棚改已结束的，购房要当心。
- 旅游地产升值潜力低。

至此，我们知道了哪些房子有价值，哪里的房子有升值潜力，以及背后体现的原理。那么，一个城市的房地产市场整体上看有什么变化规律？接下来，我们要对此进行分析研究。

第二部分

房价热气球模型

一座城市整体的房价到底和什么挂钩呢？活性又是由什么来决定的呢？如何发展、能飞多高、最终又飞向哪里，到底由什么决定？有没有锚来拴住它呢？

接下来要讲的就是本书最基础又最关键的内容：如何判断一座城市的房价。或者可以更进一步问：房价到底是由什么决定的。

房价是怎么形成的

04

知"晚霞行千里",算是识云观天象。但只有弄懂了晚霞的形成原理,才能预报天气。真正实现准确预报天气,还是在卫星云图和超级计算机诞生之后。诸葛亮站在三丈高台上,看到的有用信息并不比别人更多。

要预测房价走势,就要懂房价的形成原理。对此总有人故弄玄虚,再加上利益相关者的立场干扰,制造了各种房价迷雾,让人一头雾水。我们先来拨开这一层层迷雾。

房价理论 5 个谬误

长期以来,地产理论界关于房价的观点大致有这几种:

- 房价是由成本决定的,地价推动房价;
- 房地产的价值不在于房,而在于地,是由凝结在土地上的社会劳动积累决定的,简单来说,城市基础建设投资量大小决定房价；

·房价是由货币决定的，M2（广义货币供应量）一放水，房价必涨；

·房价是由人口净流入决定的，长期看人口，人口净流入必然导致房价上涨；

·房价跟着产业走，最终是地方产业发展决定房价高低。

以上都对，又都不对。房价的形成取决于多方面因素，且各因素起作用的前提条件不同，我们一定要结合当时的市场来看。不要一味地"多军"（期望房价上涨）或"空军"（期望房价下跌），特别是我们需要先破除上述观点引申出的5个谬误。

成本决定论——最容易被破除的结论

2005年，我到金地集团工作后，参与拿的北京第一块地是按高于市场40%的溢价拍来的，这在当时已经很激进了。最后计算得出成本为每平方米3650元，我们准备卖到每平方米3950元，这样每平方米有300元的毛利。结果这一楼盘一开盘就卖到了每平方米4500元，洋房卖到每平方米6000元，后来再开盘，每平方米最高卖到了15 000元。

成本没变，毛利却翻了几番，你说房价和成本的关系有多大？

这些年很多人看到地王一出，认为房价必涨，用的就是成本决定论原理。他们忽略的一点是，一个结果可能是导致另一个现象的原因，也就是说，地价推高房价的同时，高房价也推高了地价。

地王推动房价上涨并不是必然的现象。曾经有一条轰动一时的新闻，某开发商宁愿放弃几亿元的保证金，也要把地王给退了。这是因为该开发商计算后发现，开发下去会亏得更多。再看看有一些激进拿地的地王地块，有一部分还躺在那里晒太阳呢！

地价推高房价这个说法需要基于一个前提条件，即房地产行业处于上行阶段。在下行市场，这二者是脱钩的，地价是无法直接推动房价的。

地价和房价的关系，我认为可以叫"不对称的软连接"，就像汽车半路抛锚，找另一辆车系上绳子来拖。往前拖的时候，力量可以通过绳子传导，但如果要倒车，前车的力量就没法传导到后车。

城市基础建设投资决定房价

所谓地产，就是地加房产。其中房产会折旧、过时，是不断贬值的，真正值钱的是地，因为一块地凝聚着城市的各种社会经济价值，这里面可计算的占比最大的就是基础建设投资。我国城市基础设施投入已超过百万亿元。

很多专家认为，只要地方政府投入资金改善城市基础设施，钱砸到地上了，房价就会涨上来。这个说法并非适用所有城市。以重庆为例，重庆每年的基础设施投资数额一直很大，从2012年到2021年年均增长16.1%，高于全国平均水平，有好几年基础设施建设投资在全国城市中能排进前三，可是重庆的房价一直很低。

与此同时，我们可以看到，很多地方政府在新区大力投资城市基础设施建设，房价却起不来。比如沈阳的沈北新区，2010

年之前就建得很漂亮，可是房价就是不涨，直到2018年，很多片区都涨了几轮，它的价格才慢慢地爬起来。还有南昌的红谷滩，当地投资最多的前10年，房价一直很低，直到后来万达广场建起来，政府搬过来，市场热了，房价才逐渐涨起来。北方的很多城市基础设施建设投资都很大，比如山西大同，但是大同的房价还没有部分南方县城的房价高。

事实上，房价和基础设施建设投资并不直接相关，基础设施建设投资只能间接带动房价。换句话说，只有基础设施建设投资多，城市的面貌才能发生巨大变化，招商引资环境才能变好，才有更多工作机会，需要买房的人才会多起来。这样层层传递，才会使城市房价上涨，否则投资再多，其作用也不会体现在房价上。

M2代表的货币决定房价

从宏观层面说，货币量大小决定不动产价格的高低。货币政策和房价的相关性非常强，而且随着M2的推高效应长期以来深入人心，二者之间的关联度在统计学意义上会表现出更高的一致性，通过数据拟合来衡量时，二者的拟合程度很高。

应该说M2和利率是影响房价最直接、最有效的金融工具，但是具体到微观和中观的层面，我们还需要仔细分析，必须要看到更深层的路径传导机制，才能看清宽松的货币政策会不会促使房价上涨。并不是货币政策一宽松，房价就必涨。

首先，如果上游"放水"，大河有水小河满，这是显然的。不过，货币政策宽松并不是引发房价上涨的充分条件。否则你就无法解释为何宽松的货币政策是全国性的，但有的地方房价涨，有的地方房价不涨；有的城市房价先涨，有的城市房价后涨。甚至在 2015 年到 2016 年那波房价大涨的行情里，M2 的增速是下降的。

资本当然是聪明的，但在这里我们看到的是，从货币政策宽松到房价上涨，中间还有个传导机制在发挥作用。中间环节的存在带来了转化的有效性和效率问题。看起来是"放水"了，社会有钱了，老百姓把这些钱带进楼市，买房人多了，房价要涨了，但这个传导过程还存在几个问题。

首先，放出来的"水"一定会被带入房地产市场吗？如果大家对房价的预期是不仅不涨还会下降，那就不会进场买房，货币就不会流入房地产市场。加上央行采取定向降准、降息，更精准地调控货币宽松政策，不让热钱流入房地产行业，那就更不会出现货币宽松政策一出台房价就上涨的情况了。

何况"水"也不一定就能流入老百姓的口袋，特别是流入需要买房的人的口袋。这里还隔着企业景气、就业充分等几个环节。

人口净流入，房价必涨

行业里有种流行的说法叫"房价长期看人口，中期看土地"。这种说法本质也是看供需，因为供需不容易看清楚，就用人口、土地两个变量来简单替代两个阶段的供求关系的变化。其实从人口到有能力买房的人口，到愿意进场买房的人口，这中间还差十万八千里。"十万里"是人口到有能力买房的人口的距离，"八千里"是有能力买到愿意买的距离。

我们看两个例子就会明白了。一个是北京，在提出疏解非首都功能后的几年，常住人口是负增长的，但是房价变化趋势与人口变化趋势并不同步。反例是广东惠州，这些年人口一直增长很快，但房价却节节后退，在全国房价普遍调整之前就一直是这样。

如果不同城市的对比说明不了问题，那我们看看同一城市的不同发展阶段。以深圳为例，过去几十年深圳人口一直是净流入，但房价并没有一直上涨，中间有很多时间是不涨反降的。特别是近十年，人口净流入逐步放缓了，房价反倒是增长最快的。

所以单看人口的净流入并不能准确预测房价的走势。

城市土地资源稀缺，地方产业经济向好，房价就一定会涨

我再拿深圳来举例说明。

之前的很多地产专家信誓旦旦地预言："深圳的房价会一直涨，涨到像纽约那么高！"这么说是因为深圳一是缺地，二是经济发展好，高科技公司云集，不乏华为、腾讯和比亚迪等明星公司，而且人口流入量大。

这时我会告诉他，你说得有道理，但你说的这些情况在2015年3月前就存在，那时深圳的土地就稀缺，那时华为、腾讯就是顶尖公司，那时深圳的人口一直在增长。但为什么那时的深圳房价不高？为什么当时每平方米均价2万多元，还卖不出去呢？可见土地稀缺和经济向好，包括人口净流入，都不是导致房价上涨的必然因素。最终还是要通过购房者的购买行动来拉动房价上涨，而购买行动又受预期和市场表现的共同影响。直到2015年3月后，深圳的房地产市场才逐渐出现抢房的局面，进而导致房价大涨。

消除立场谬误

长期以来，房地产业内对于房价的走势有两方完全相反的观点：一方总是说拐点来了，房价必然跌；另一方总认为房价永远是涨的，现在不买将来会后悔。

"拐点方"认为，中国城市户均拥有房子超过1.1套，房地产行业已经走出黄金时代，进入黑铁时代。"永涨方"认为，中国还需要20年才能把城市化率提升到发达国家水平，这期间持续有人口涌入城市，对房产一直有新的需求，所以房地产行业还有20年的黄金时间。

这些道理都不难厘清。对于"拐点方"的观点，大家一直怀疑这是行业老大的"颠船效应"，希望风浪再大点儿，把经不起风浪的都颠下去。对于"永涨方"的观点，大家认为他们是在为开发商的利益说话——其实倒未必，也可能是为了影响力故意把话说绝。不过这种持续的争执和分歧反映出，立场不同就会看到不一样的事实，从而得出不一样的结论。

在这两方的带领下，地产界也出现了"多军"和"空军"，而且激烈较量了很多年。显然，买了房或正在炒房的人纷纷加入了"多军"；错过买房机会、没买房子的，或暂时还买不起房的人义无反顾地加入了"空军"。

面临人生最大的投资，我们要做的不是在看多还是看空中选择，而是静心观察，寻找主要矛盾，在众多影响因素中找到哪个因素对房价的影响最大，哪个是目前正在起作用的关键因素。

我们要清醒地看到"立场谬误"，即源于不同立场形成的不同判断、不可消除的误差。据统计，中国房地产从业人员在

2019年巅峰期时有近300万人，这里面包括开发商、地产中介代理方、媒体和自媒体平台以及业内大小专家。近年来随着市场低迷，这一人数可能会减少些。这些从业者各自有各自的立场，买房时很难不被他们带偏。我们要时刻保持清醒，及时对过去的认知做取舍，排除立场谬误后再做决策。

很多人研究地产周期论，虽然结论不一样，但都能用事实自圆其说，这是怎么回事？

这是因为中国的房地产市场是一个包括不同规模的城市、南北不同、东西有差异的巨大市场。如果把多个城市的变化曲线画在同一个平面上，就会形成一条由很多杂乱的线条组成的宽带。如深圳等沿海城市的房价开始一轮上涨时，某些内陆城市的房价可能正在下跌，而某些资源型城市的房价可能长期不动。每个时间段、每种状态下都能找到大量的城市，所以在这个杂乱的宽带上画任意一条周期曲线，都能找到符合其规律的城市。而且，每轮市场波动的起降时间是一个宽幅的时段，不是一个点，因而周期曲线就更容易踩中。

这就如同一个数列，如果专挑序数是第2、4、6、8的来总结，会呈现一个规律，如果挑第3、6、9、12的来总结，可能又呈现另一个规律，这两个规律都对，但相差很远。所以说，你相信什么，你就会看到什么。

复杂的事物都是多面的，你一定可以从中挑选出一部分事实，形成一个自圆其说的结论。这个过程就好比选3个点就可以连接成一个圆，这个圆就是你听到的道理。我希望你不要停留在圆上，一定要看那3个点的原始背景。因为现实世界是立体的，理论世界是平面的，当那3个点的投影落到纸面上被我们看到时，它是什么样子取决于立论者倾斜的角度。在存在立场谬误的情况下，很容易产生这样的视觉偏差。

房价是怎么涨起来的 05

当我们跳出了一个个观点误区并排除了立场谬误后，就会发现房价的道理都装在一个热气球里。我用了 10 年来检验房价热气球模型，可以说这个模型的解释力很强。

实际上，市场分析角度和分析框架很多，我找到了一个相对确定的对应关系——市场温度和房价，并且很幸运，我可以用房价热气球模型把这个关系形象地展示出来。

房价增长的模型图

2008 年，我与潘石屹、范小冲、卢求、顾云昌等人在央视做节目。一开场，在"拐点"的定义上，大家意见就不统一。潘总认为拐点是指房价到达顶点开始回落或者到达谷底开始反弹。而在我看来，目前的房地产市场比较符合纯粹数学概念的"拐点"，即房价从一个增长形态到另一个增长形态的转变，也就是二阶导数等于零的时候。通俗地说，拐点不是指房价忽然涨上去又降下来的极点，而是指从突飞猛进地涨转换成缓慢地涨，或者是其他理性增长的转折点。

潘总拿一组数据来证明房地产市场供不应求：北京市2004年供应的土地（招拍挂的土地）只有房屋成交量的1/5，2005年也是1/5，2006年是1/3，2007年上升到了1/2，土地供应之后一般两年形成房屋供应量，2006—2007年的土地供应形成2008—2009年的房屋供应，所以2008—2009年这两年时间北京房地产市场出现大的拐点不太可能。

我觉得价格确实是由供需来决定的，但"供"是个已知数，"需"却截然不同，因为需求的弹性极大，当时所有的买房人，基本上都把住宅产品变成了投资产品，这样的话房地产市场中的需求量就被无限放大了，原来可能买一套房，现在赚钱了可能买8套、10套。虽然刚性需求一定存在，但在这么多的购房者中占比很小。

我画了一个房价增长模型图（见图5-1）。图中的热气球代

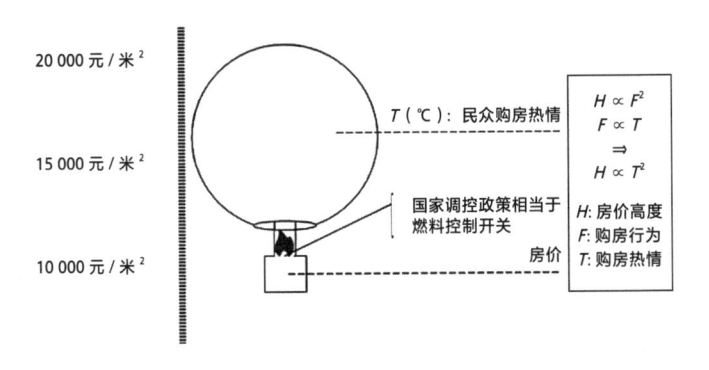

图 5-1 房价增长模型图

表房价，它的高低与潘总列的那些数据没关系，而和气球里的温度有关系。这个温度就是老百姓的投资热情，是整个社会对房价的预期。

借助物理学的概念可以这么理解：热气球的高度（房价）与浮力（购房行为）的平方成正比，而浮力与球内温度（购房热情或房价预期）成正比，也就是说房价随着老百姓投资热情的高涨以平方的速度升高，而政府的调控政策好比热气球燃料供应的控制开关，改变了人们对房价升高的预期和市场温度，也就必然改变热气球运动的方式。

从微观的角度来看，公式还可以进一步推导，表述为：

$$H \propto \Delta NM \ （式1）$$

对应到房地产市场，H 就是房价高度，N 就是进场买房人数，M 就是每个人通过杠杆带入的资金量。这里的进场买房人数 N 可以用房屋的带看量作为表征值，用实际购买人数作为修正值；进场资金 M 可以用杠杆率作为表征值，用贷款总额作为修正值。

这样根据式1，我们就可以通过每个城市积累的数据拟合出一组变化曲线。通过这组曲线，我们可以发现 H 变化的临界区域，进而指导我们确定购房时机，做出购房决策。

比如，我们通过对2009—2018年一线城市数据进行计算，找出这类市场过去10年房价变化的临界区域是进场人数增加量为15%左右，即当这个市场新增进场买房人数连续3个月增长幅度超过过去3个月平均量15%的时候，房价就会开始上涨。要注意的一点是，每个城市的不同片区在不同的上涨阶段，临界值是不同的。为防止误导和误用，这里不对结果和演算过程做进一步展开。

房价热气球模型的 3 个核心

通过房价热气球模型,我们可以直观地看到房价与供需、预期、政策等几组复杂变量的关系。房价热气球模型的核心要点有3个:一是房价无锚,二是市场热度决定房价高度,三是政府控制开关。

房价无锚指的是房价并不是由成本决定的,更不是由简单的供需关系决定的。房价不像风筝,没有一根"实线"连接并拴住它。北京房价每平方米 8000 元时,大家觉得贵;后来每平方米1 万元,大家仍然觉得贵;再后来到了每平方米 3 万元、5 万元、10 万元,大家还是觉得贵。这里并没有一个价格指标来锚定它,不像当初金本位制下用黄金作为货币的锚定物。

房价是由市场热度决定的,市场热度是由预期引导的。也就是说,房价的升降视市场温度而定。如果大家都热火朝天地买,它就升;如果大家都不买了,市场一冷下来,它就会降。就像热气球,飞行的高度是由里面气体的温度决定的,里面气体的温度又是由进去的热分子数量和单个热分子携带的热能来决定的。对应到房地产市场,房价高度就是由进场买房人数和每人通过杠杆带入市场的资金量决定的。

"热分子"为什么要进场?这是由市场预期决定的。房子再少,如果未来要跌,也不会有人进场买;相反,如果房价要涨,房子再贵,大家还是会带着资金冲进市场,这样市场温度就降不下来,房价就不会下来。

这是我观察得出的结论,从经济学理论出发也可以理解这一点。商品价格是由眼下的供求关系决定的,但投资品价格是由未来的预期决定的。比如作为商品的猪肉，哪怕未来再便宜，眼下也只能以当下价格购买，即使当下价格很贵。黄金就不一样了，一旦预期金价会涨，即使现在价格已经很高了，大家还是会买，因为它是投资品。在中国，房子的一大特色是掺杂着投资品的属性，可以作为投资品来保值、增值，成为一类刚需。

政府控制开关，是指通过政策调整可以控制进入热气球的热分子数量和每个热分子携带的热能。限购、限贷就相当于拧紧开关，分别限制进场人数和进场资金量，从而控制市场温度，进而控制房价热气球高度。

有开关，这是房价热气球模型最有意思的地方，说明它是有人为可控装置的。2008年，我在节目中画出第一稿时还没有这个开关，当时大家都觉得越调控越糟，那是开关按得不对的情况下的结果。当政府能更精准地控制开关，政策成为市场走向的主导，就不会陷入越调越高、事与愿违的局面了。中国房地产过去很长时间是"政策市"，这是房价热气球模型原理产生的背景。

房价热气球模型的4个推论

房价稳不住原理

量子物理中有个"测不准原理"，也叫"不确定性原理"，即对一个微观粒子来说，测出的位置越精确，动量就越不精确。简单表述就是，你永远不可能把一个粒子描述得清楚、确定。房价调控中也存在这样的现象，我称之为"房价稳不住原理"。虽然政府用了很多办法调控政策、稳定房价，但似乎到了一定程度后，将其稳定在一个价格水平上的难度变得非常大。当然，我们这里不是说房价是量子态,也不是为了证明它具有量子世界的若干特征,而是借这个原理说明一个问题:房价稳不住是必然的。

首先大家要明白的是,政府调控房地产市场的目的是什么。是想打压房价吗?不,从来不是,目的是要稳住房价。在高房价的情况下,政府的目标是让房价稳住,不涨也不跌;在低房价的情况下,政府希望房价平稳地小幅上涨。有的地方政府怕房价涨,就在限购和限贷之外又加了限价,即锁定预期。通过管理预期来管理房价,提前一步导控进场热分子的数量。

我们看到的是,在很多城市,只要政府一出手,新的限购限贷政策一发布,房价就会应声而落。但是调控仍存在目标差,这也是显而易见的。这不是因为政府的调控手段不够精准,而是因为从理论层面来看,稳住房价就不可能实现,就像不确定性原理那样。

还是回到房价热气球模型。只要政府把调控房价的目标定在稳,即房价不涨,根据热气球模型的第二个核心要点,预期就不会引导热分子进场,市场温度也就下来了,那么房价就会下降,房价就稳不住。

上述是房价上涨过快的情况。如果房价下降,房子卖不出去,政府想通过一些去库存政策救市,让房价稳定在原来的水平,这可能吗?也难。开始的情况是拉不动房价,可是一旦房价拉起来,大家就会进场买房,市场温度会马上升高,房价就会再升,这时热分子就会大量进场,等到政府出手控制,到把房价控制住,房价已经涨出了一大截。

所以,要在空中彻底稳住房价这个热气球是很难的,但精准的调控操作技术会越来越成熟。比如下一次调控时提前做好准备，预留提前量。

进一步理解来看，过去把调控目标定为将房价稳在某个具体值，难度肯定会很大；如果把调控目标放在控制市场温度上，则会更容易达成稳住房价的目标。但无论技术多么成熟，都无法实现将房价稳定在低于某个极限的关系式内。

热气球逆定理不成立

很多人认为房价就像一个皮球，打压下去，它会弹回来；打压力度越大，反弹的力度越大。在房价上涨的过程中，政府一拧紧开关，热分子进场减少，温度下降，热气球高度就下降。那么在房价下降的过程中，会不会开关一放，热气球就上升？

这个问题的关键是，空气里的热分子是不是进入政府开关控制的范围了。这就涉及人们是否看好未来的楼市，预期决定购房者进场还是不进：如果大家都看好，政府可以通过限制进场达到调控目的；如果大家都不看好，放松调控也是没用的。所以说，热气球模型的逆操作是不对称的，或者说是不成立的。

当然，如果政府通过放松限制，能够形成一个看涨的预期，大家愿意进场，那么房价还会升起来；反之，如果取消限购后看涨预期还是形成不了，大家还是不进场，那么热气球内部的温度就不会升高，房价就不会回升。

这就像很多萎缩性城市的情况，取消限购后，房价也不会涨。还有些城市虽然没萎缩，但是房价被限制久了，不涨的预期长期存在并固化了，房价也不会涨。

所以说，房价不是一个皮球，没有必然的反弹力。它是热气球，最后还是要看预期，看市场温度，看进场人数和携带的资金量。

调控出现"偏头疼"

在房价的上升阶段，可以用房价热气球模型完整地画出连续的曲线；可是在房价的下降阶段，曲线是不连续的，会出现"台阶效应"，房价要经过一些台阶才能下来。

从个体的角度，你可以这样理解：市场不好，那些急着用钱的投资者会马上抛售，随之房价降了第一波；等他们抛售完，市场就不降了，因为如果因此人气起来了，市场温度升高，就不需要降了；如果没有升温，那下降的预期还在，降了也没用，降价还会把前期购房者的心情搞乱，导致出现退房等连锁反应。

这时买卖双方都选择观望、等待，形成了一个停滞的台阶，直到过一段时间，很多卖家憋不住了，才会迎来第二次降价。据我观察，在房价的下降通道，降3%~5%是毫无意义的，降幅必须达到10%以上才会促使购房者逆势购买。

2008年，南昌的房地产市场行情很差，多数项目都在打折销售，但都是3%、5%的降幅，打折也卖不掉。后来有房地产公司大胆走在市场前面降价10%，因此躲过一劫。同样是降10%，跟着市场分三次降和跑在市场前面一次降，效果大不相同。这是反过来运用"台阶效应"的情况。

我们往往注重研究房价上升过程，而忽视对下降的研究。上升的规律不能照搬到下降过程中。房价下降过程中，因为存在"台阶效应"，会遇到额外的阻力，也造成了很多时候房价涨上去容易、降下来难的局面。这是普通人经常看不懂的，明明卖不掉为何不降价呀？事实是，我们看到很多地方的房地产市场不好，房价会保持横盘多年不动，直到实在撑不住才大幅下降；或者是一直等到下一波经济热潮到来，跟着大势再起，这就让很多人产生另一个误解，认为"房价永远是涨的"。

这种上涨和下降的不对称，导致政府调控出现两种情形：一种是调高容易、调低难；一种是打压下去后救市难。这就是调控机制中的"偏头疼"，它是这一系列机制作用的结果，是其中固有的形态，是"顽固性偏头疼"。

"7摄氏度"以下会结冰

大家经常说，现在是房地产行业的冬天或春天。以我在房地产行业摸爬滚打多年的经验来看，房地产没有四季，只有雨季和旱季。也就是说，房地产要么是大卖，房价一个劲儿往上涨，要么就是卖不动，降价也卖不掉。房地产市场从来没有过平缓、稳定的状态，即便有，持续时间也很短，是一种过渡态。

这种变化形态可以用水的温度来形象地表示，即有一个结冰的临界值。这对购房者判断市场趋势、做出购买决策非常重要。所谓结冰，就是会陷入一个交易不多、不好卖、不活跃的市场横盘状态。

经过长期观察，我发现一个规律：一个地区一旦连续两年的房价涨幅低于7%，这个地区的房地产市场就会结冰。大家注意，不是到了停止涨价的时候才结冰，而是小幅涨价的时候就会触发结冰。为什么是7%？我们可以简单计算一下。

先解释一下两年时间的限定，因为经过加权计算，一手房和二手房的买卖时间为两年左右，我们一般也会把两年当作一个周期。所以我们把它的所有成本，比如交易成本、各种税费，反推到这两年里去。其中当然还有机会成本,比如不投资房产的话这笔钱可能被拿去做理财,别忘了算上实实在在的房贷利息。

把所有这些因素考虑进去后,从我们积累的大量买房投资者的资料来看,如果项目涨幅没有达到 7%,是没利可图的,因此以投资为目的的那部分热分子就不会进场买房,市场温度就不会升高。结合我们观察到的一些典型城市的案例来看,如果连续两年的增长率低于 7%,这个市场就会逐渐呈现慢吞吞的、没有多少买卖的、不活跃的市场状况,类似市场结冰。

这是我们应用房价热气球模型推导出的一个结论,它让我们知道市场是有温度的,温度是可以观察的,温度和涨幅之间有一定的比例关系,大家可以灵活运用于当地的买房实践。当然,7% 不是一个固定值,它和银行利率、普遍的投资收益率及经济基本面等都有关系。

看懂房价涨跌

2015 年 3 月刚过,萎靡许久的深圳楼市忽然"爬起来就跑",原来 1 个月卖不掉一两套的楼盘忽然热销起来,继而涨价,一路"疯涨"。

不了解深圳的人想当然地认为深圳土地少,有钱人多,供应量不足,是供不应求导致的。但请注意,这些情况之前也存在,为何曾经房子却不好卖?

可能很多人说 2015 年的深圳楼市大涨和国家去库存有关,可是彼时去库存的政策已经推行快一年了,当时深圳还有个 "3.30 新政",这些都是导致变化的因素,但都不是最主要的因素。你只要看当时的供求关系从3∶1瞬间过渡到3∶10，就应该明白了。

当时有业内人士分析，导致这轮上涨的最主要因素是：新的市委书记来了，而且是第一次由中央委员出任。这唤起了大家关于直辖市的遐想，一个城市的希望被点燃，预期被激活，大家纷纷看好深圳的未来。

市场预期一旦形成，行动力很强的深圳人马上就开始了第一步——看房。这让售楼处瞬间感受到了市场温度的上升。接着就是个别楼盘开始好卖，甚至酝酿着提价。大家一看房产销售员不再那么殷勤了，房价还真涨了，原来犹豫的就开始出手。于是从成交端可以看到市场开始明显升温，第二批加杠杆的购房者陆续进场。这批热分子一进场，市场温度更高了，开发商借机加推房源，但还是供不应求，房子马上不够卖了，只好提高房价。房价上涨导致大家更加热情高涨，市场温度继续提高，形成了一个完整的风火轮循环。市场的热度一旦起来是挡不住的，以至于当年深圳出现了很多日光盘。

结合深圳房地产市场的这波涨价，我们可以思考：房价有锚吗？定价有的商量吗？房价和成本有关吗？我们可以看到，影响升降的最大因素还是预期，它导致市场急剧升温，从而引发价格飞涨。

这波上涨也带动了周边城市的楼市预期，导致很多城市的楼市温度升高，形成一轮上涨潮。最后还是政府出台严控政策，通过限购、限贷降低温度，才把这把火引发的升温降下去。这就是用房价热气球模型解释房价升降最生动的具体实例。

我们也多次用这一模型准确地预测或解释了地方市场的房价

涨跌情况。比如我们很好地预测了 2018 年一线城市的房价，特别是当时很多专家判断北京房价要"报复性地反弹"，通过此模型分析，我们很容易知道这种情况不会发生。对于后来的热点城市抢人，通过人才放水破限购，我们也很容易地预测到哪些城市的房价会大涨。更精准的成功预测是，当时北京虽然也有人才引进政策，我们却判断它不会导致房价上涨，因为北京的人才政策引入的热分子最多也就 3 万多个，达不到启动温度变化的临界值。

深圳房价永远上涨的神话，让很多专家认为调控也动摇不了深圳房地产市场的上行趋势，但我对照房价热气球模型认定，只要进行限购、限贷，就能让进场的热分子减少，每个热分子携带的热能减少，市场温度一定会降下来，房价的上行趋势一定会改变。果不其然，2020 年"7.15 政策"后，这样的改变就默默地开始了，只是当时很多人不信，直到房价跌出 30% 后，人们才反应过来这是真的。

理解各方立场

06

房价热气球模型作为理解房价生成逻辑的一个基本原理,相关方都能很好地加以应用——政府用来调控市场,开发商用来炒高房价。只有购房者被蒙在球里,相互冲撞。在本章中,我们会揭开甲方思维,为购房者提供应对方案。

谨防消费心理陷阱

在地产营销界工作这么多年,我发现地产界庞大的营销体系基本建立在对消费心理的洞察之上。最初接触地产营销的时候,我看到一些宣传文案,心里特别不安,等购房者买完住进来,不就真相大白了,那时怎么办?

事实是,大多数购房者都经历过这样的心理转变过程:不管购房前如何挑剔,购房后他的态度立马就变了,变成只说这个房子好,而且这是真的打心底认同。我把这个突然的转变、判断力的丧失,叫作"抵抗力的波函数坍塌"。这个转变的过程不是刻意的,而是由潜意识支配的,是无意中完成的平滑过渡。

你可以理解为这是人性的弱点,但这里面还有一个更深层的心理机关,那就是在这里悄悄地完成了一次"坐标系偷换"。买房之前挑毛病,就是在拿这套房子和别的房子比;一旦住进去了,就开始拿有这套房子的生活和过去没有房子或者有小房子的生活比,所以很容易有走进新生活的幸福感和满足感。

这里还有两个心理陷阱,一个是"恐慌性的消费心理",一个是"跟着强者走"。

恐慌性消费就是盲目从众,生怕自己被落下。买房领域有"上车""上车盘"的说法,生动地反映了这种心态的全貌。"上车"这个词在我们特定的语境下含义太丰富了。挤没挤上这班车,命运差别会很大;先上和后上的差别也很大。所以要先上了车再说,挤也要挤上去。对甲方来说,消费者一恐慌就好办了,因为他知道消费者感到恐慌后的下一步会怎么做。

"跟着强者走"就是和强者站在一起。这里隐含着人们内心深处的一种设定,那就是成功的就是对的。楼盘怎么算成功?卖得好的算成功!明星楼盘都要说自己卖得好。卖得不好的,大家会盯着不好的地方;卖得好的,大家会先入为主地接受这个事实——如有不好,那是自己不懂,于是原来挑毛病的马上改口称赞。你成功,大家自然跟着你的逻辑走;你不成功,去说服别人信你太难了!

2016年,某著名开发商宣传自己的楼盘开盘3天销售额达到122亿元,创了3个世界之最,并把吉尼斯的工作人员请过来,现场颁发吉尼斯世界纪录证书。

首先，这个数据的真实性值得检验。我们来算算，如果像开发商说的，真的卖了122亿元，那就是近2万套房，按正常转化比例，起码有10万人到访。我们可以查看该楼盘所在地的航班情况，要运送这10万人，差不多要增加约1000趟航班，即使分成3天，也要每天多加300多飞行班次，但实际上这些飞行记录根本不存在。

其次，他们为何这般大肆宣传这个数据呢？

为了制造人气，为了让你和强者站在一起，也为了让你恐慌。就是要制造一个高人气楼盘，利用人们的从众心理，为下一轮营销带来源源不断的跟随者。我们再来看看开发商当时制造人气的手段：重金投放电视广告，形成铺天盖地的广告效应；用高佣金吸引全国大中介机构做分销渠道；请人免费来看房，机票、住宿全免费，不买房也可以玩两天，当然最后买和不买是有区别对待的。

这样大的投入，在开始的时候还未必有效，但随着购房者逐渐接收到热销这个"事实"，他们就会行动，就会把虚的数据变实。这个楼盘在第一波销售势头不错时，开发商还要来个创造吉尼斯世界纪录的大炒作，继续推高人气，再带动下一波销售。

而这一切，买房人却不明就里，稀里糊涂就陷入了陷阱。看看你是不是这样被一步步卷入的：甲方营造人气→甲方制造恐慌→购房者盲从强者→购房者踩踏式进场。

择机判断的标准

作为消费者，我们应该如何"反套路"，用房价热气球模型和开发商展开博弈?

对普通购房者来说,就是要看懂开发商如何炒热楼盘、哪方面会被炒热、什么时候会炒热、热到什么程度,然后就是如何利用这个热度。如果一个片区或楼盘注定能被炒热,我们就要尽早购买,别人收割庄稼,我们要学会拾麦穗。

第一步是看有没有一点即着的题材。例如,当年开发商宣传深圳滨海大道通车,通车后南山区蛇口和中心区肉眼可见地联系紧密了,利用通车在即的时间点,很容易引燃市场情绪,炒热南山蛇口的楼市。

再比如,当年开发商宣传深圳的中心西区,也是看到了一个趋势:中心区从罗湖区搬到福田区,那么中心区的西边肯定不应该是原来的几个混乱部分,它应该会升级为一个整体,刚好可以重新定位大量闲置的土地。于是这里就被策划、整合成一个"中心西区",即和新的中心区配套的高端住宅区。于是,这个片区的开发商联合宣传,市场一下子就被炒起来了。后来再拿地的地产项目都根据这个来定位,抬高起点,这个片区渐渐发展成现在深圳第一的高端住宅区。

舆论热度一旦形成,购房者就会跟进,跟进的人越多热度就越高,热度越高房价越高,这也符合房价热气球模型的基本原理。

所以判断一个地块会不会有热度,要看参与宣传的是小开发商,还是大品牌开发商;是一家开发商在宣传,还是多家联合宣传。如果都是后者,炒热的概率就大。

第二步是看清阶段。一般而言,一个大地块,如果很多开发商一起进去,那么它必然会被炒热。但在炒热前,客户数量有限，开发商们必然会以低价竞争，这时就是入手买房的机会。

你可能会问，既然大家这么懂套路，为何开发商这时不会一起联合来"对付"购房者呢？

这正是开发商的软肋，因为开发商都是高杠杆、高周转地运作大项目，即采用快速滚动开发模式，需要快速收回资金，用于下一次圈地，所以都想抢收第一批客人，这一批不是为了盈利，而是为了有现金进账，让资金在单项目里可以循环下去。因此，最初的价格高低不是他们关心的重点，重点是抓住第一批种子客户。另外，为了保证后续的人气不断，最初的定价必须低一点儿，因为之后可以随时调高。如果前面定价高了，后面再调低就会麻烦不断。

这里就涉及开发商售楼的第一铁律——低开高走。因为大家都买涨不买跌，所以开发商要给购房者制造一种感觉：房价一直会涨。所以开盘定价必然要低点儿，后面涨价才容易些。

因此，我们可以得出一个明确的结论：在一个有诸多品牌开发商进驻的地块，可以因循低开高走的套路，先下手买，因为房价未来的上升空间大。

当然涨价曲线不是平滑的，而是分几个阶段，所以要分清当前价格处于哪个阶段。开盘期、价格拉升期还是尾盘促销期，各个阶段的定价原则是不同的。

一座城市的整体房市，也有这样的阶段性特征，存在先导期、大众收割期、全民炒房期，各个阶段的应对策略都不同，我将在后面有关实操的章节加以详细说明。

既然知道开发商会将楼盘炒热，有不同的动作阶段，我们作为买房者，第三步就是要借此判断、选择买房时机，不替开发商支付这些"炒作"成本。因为这些动作都有明显的阶段性特征，有准备酝酿阶段、炒热阶段，还有退热阶段，机会并不是稍纵即逝的，所以跟起来并不难，楼市不像股市那么瞬息万变、变幻莫测。

可能有时你不死心，对一个宣传失败的楼盘还抱有幻想。这里有一个现象叫"概念晚期"，顾名思义，就是概念的宣传已经到了晚期，已"无药可治"。一个楼盘或片区的起势很重要，如果前几轮宣传都没起色，就别再指望它还有翻盘的机会了。

面对这类概念晚期的地产，就不要再往里钻了。而且，这类地产项目数量会越来越多，比如特色小镇、保底返租的商业地产、无轨道交通的远郊大盘……以文旅地产为例，很多人认为出了问题后换个开发商接盘就好，其实这种做法并不能产生什么效果。除了文旅地产本身的问题外，还有就是在前期宣传没有成功的时候，项目已进入负循环，再翻盘成功的难度太大了。

简单来说，一个项目要想卖得好，必须进入一个正循环，就是前面买的人有得赚，后面有人跟进，开发商继续投入，跟进的人群持续扩大。

还有些文旅地产项目，虽然前期卖得还算不错，但后面没有建起持续的"引水渠道"，客户断线，导致房价难以拉升，未形成正循环。与此同时，一个负循环悄悄形成：前期的购买者没有收获涨价的好处，就会发表一些负面的评价。前期购买者的口碑很重要，会四两拨千斤地抵消项目的宣传效果，轻而易举地阻挡后面的跟进者。没有跟进者，开发商就会犹豫是否再投入。这些动作都会被合作方看在眼里，合作方就会开始催促支付工程款、偿还贷款等，导致项目现金流不畅，没法按计划推进。而这又会在新老客户群中发酵,最后导致局面不可收拾。所以,接盘者以为问题是缺钱,投入资金就可以解决,但实际上是因为各种问题缠身已久,不是输血就可以救活的。

检验一个楼盘或片区是不是概念晚期,要看项目施工有没有停滞,有没有人割肉退场,网上有没有媒体唱衰。

调控市场温度

下面来看看丙方,也就是分管房地产的地方政府部门是如何利用房价热气球模型调控房价的。

先来看看惯用的调控手段有哪些:

- 用增加土地供应来解决需求的问题,结果非但没解决问题,还搞出了地王,进一步推高了房价;
- 用"9070"政策来调控,不让建大房子,目的在于加大供应套数,解决供需矛盾,开发商的对策是把一套房"分拆",办两个房产证,调控政策照样达不到预期效果;
- 用建廉租房的方法来调控,最后发现租房的和买房的根本不在一个市场;
- 最后政府割肉,拿出土地来建政策性住房,直接降价,这种做法当然有效果,但效果不持续,因为财政负担不起。

经过十几年的摸索,地方政府慢慢发现了房价的生成规律,懂得了原来房价高低在于市场温度。于是,他们需要做的只是把手轻轻放在房价热气球的开关上。想热,就多放一些热分子进去，让每个热分子多携带一些自由能——放松购房限制和贷款限制；想降，立马拧紧开关——限购、限贷。

所以我们看到，当 2017 年的北京、2020 年的深圳地产市场需要降温时，不管之前说的需求多么旺盛，只是轻拧了一下房价热气球的开关——限购，市场温度一下就降了下来，房价也应声下落。这些年，很多城市都验证了这个调控手段的有效性。

2018 年，长期低迷的西安房地产市场终于被国家中心城市概念和引进人才政策带热，房价上涨，甚至买房要摇号。如何控制房价，又不采用限购加码等行政手段，避免把好不容易活跃起来的楼市再打压下去，成了一个两难的问题。

西安政府当时面临的难题是，既不能用行政手段把房价硬生生地打压下去，也不能放任房价上涨；既不能不管，也不能把当时的人才引进政策来个大转弯。最后，西安政府只使出简单一招，立马见效。那就是改变一条摇号规则。

之前新房摇号时，有资格的购房者怕买不到，就到全市几乎每个售楼处去登记购房需求。本来购房者的购房意愿并不在那个区，但也要去博概率，这样就人为放大了需求量，导致整个房地产市场很热，也导致每个楼盘的供需比例悬殊。

比例越悬殊，购房者越充满恐慌地去排队，结果形成开发商求之不得的现场人气。所以，看似公平的新房摇号政策一出，却导致了市场过热，楼盘集体暗中涨价，全市陷入抢购大战，老百姓怨声载道。

后来，改一条规定就解决了这个问题：购房者只能登记 3 个有购买意向的楼盘。只能在有限的楼盘里摇号，不让你到处登记碰运气了，这个改变的要点就是降人气！

我们用数字简单计算一下就明白了。如果西安有 100 个新楼盘，有 1 万名购房者，那么其实每个楼盘平均也就 100 个客户，可能都冷清到卖不完。可是之前的摇号政策使得这 1 万人想去所有楼盘碰碰运气，那就变成了每个楼盘都有 1 万人排队，需求被放大了 100 倍。现在每个人只能选择 3 个楼盘登记，那就是最多只能有 3 万个需求登记，算到 100 个楼盘上，每个楼盘有 300 人来摇号，立马就会冷清下来，所以整个房地产市场的温度直线下降，房价一下就降下来了。

西安政府当时的做法和房价热气球模型的原理如出一辙，没有颁布更严厉的限购、限贷政策，只用降低市场温度的方法，就达到了所有的调控目的。

但是从 2019 年开始，新的问题出现了：从三、四线城市开始，楼市出现严重下滑，各地政府开始用调控手段的逆操作来救市。这就有问题了，因为前面说了，房价热气球模型的逆操作不成立。在楼市上行和下行阶段，操作手法不是对称的，因而即便各地频频出放松政策救市，收效也甚微。

第三部分

房地产市场的底层逻辑

中国楼市中曾经有一个奇幻循环：买买买，涨涨涨；疯买疯涨，疯涨疯买……这个风火轮是如何造就的？它的底层逻辑是什么呢？谁是最初的推动者？2016年，这一切开始彻底改变，改变的力量在哪里？为何在这时突然改变？此后，房地产的走向是什么？那些曾经靠房地产赚到钱的人，还能守住自己的财富吗？

房价上涨的底层逻辑

07

为何市场会被炒热？人们为何要追热？为何大家都相信房价会一直涨？这个循环是如何开始的？它是如何一步步导致今天的局面的？它是一直在起作用吗？有没有作用条件和边界？要回答这一系列问题，只能深入它的底层逻辑一探究竟。

房价上涨与土地稀缺

过去相当长一段时间，不管你承认不承认、有没有意识到，购房者的心里都有个底层预设：再不买，房子就涨价了。"房价真的涨了"，没买的人开始后悔，只能盯着下一次；买了的人高兴，出手后赚了一笔，再买下一套。就这样，越来越多的人被卷进买房大军。

从购房者的行为决策层面来看，这个路线图很清晰，恐慌情绪的传递推动了"地产风火轮"的转动（见图7-1）：大家怕涨，就买；买了后，房子一时变少，开发商就把价格调高；房价涨后，大家更坚定地购买。简单来说，就是大家在害怕房价上涨的恐慌性氛围中，确认了"市场"对房子的定价，完成了地产整个链条对购房者的集体盘剥。

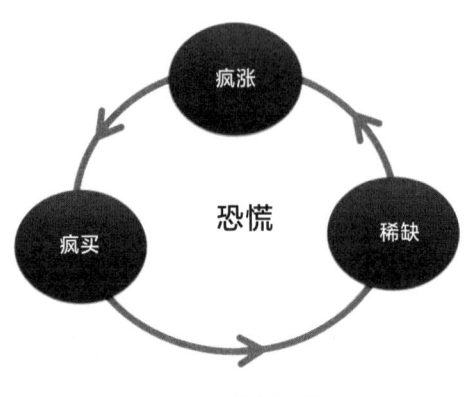

图 7-1　地产风火轮

害怕涨价的恐慌当然不是凭空出现的，而是在一个事实的基础上做出的预判。这个事实就是房子是稀缺的，预判是房子越卖越少，所以会越来越贵。

房子是由钢筋混凝土加土地构成的，钢筋混凝土很容易生产，并不稀缺，甚至很长时间都产能过剩。而且，盖房子没有任何技术难度，我们又热衷于建造房子。唯一稀缺的就是土地。

但土地真的稀缺吗？

以土地看起来稀缺的北京为例，政府只需要再划出 3‰ 的面积——注意，不是 3%——甚至只需要两年时间，别说解决老百姓的住房问题，就是街上的游客都算进去，也都有房住。

北京市土地面积约 1.6 万平方千米，划出 3‰是 48 平方千米，容积率按 5 计算，可以盖 2.4 亿平方米的房子，按每人 30 平方米计算，可为 800 万人提供住房，这是增加量，加上存量房，给每个无房家庭分套房都绰绰有余。如果这 1.6 万平方千米都用来建容积率是 5 的房子，全国人民都住得下。

那么，土地稀缺的概念从何而来，又从何时而来呢？

这里有一个概念叫"18 亿亩耕地红线"，是房地产行业一条看不见的虚线，却起着实际的转折作用。"18 亿亩耕地红线"提出后，房地产市场进入一个由土地稀缺主导的卖方市场。2006 年，"十一五"规划纲要中首次提出 18 亿亩耕地是一个具有法律效力的约束性指标，是一道不可逾越的红线。2013 年 12 月的中央农村工作会议提出，耕地红线要严防死守。2022 年 1 月，《中共中央 国务院关于做好二〇二二年全面推进乡村振兴重点工作的意见》中提出："落实'长牙齿'的耕地保护硬措施。实行耕地保护党政同责，严守 18 亿亩耕地红线。"

借由这条虚线，我们可以解开曾困扰大家的诸多难题，比如"中国房价为何这么高""人们为何狂热地买房""普通人为何买不起房"。

有了这条线，就有了数量有限性的规定，就等于人为制造了一个界线：线内的大量土地都不能动，只有已被拿到线外的规划为建设用地的那些地方才能搞建设。也就是说，土地并不稀缺，但我们把其中一部分划在红线内，红线外的土地就稀缺了。当然，这并不是说 18 亿亩耕地红线直接影响房价，而是这个概念经由房地产行业各方解读、传导、发酵，最终影响了人们的购房意向，极大地改变了房地产市场原有的供求关系。房价关键还是受市场供求关系的影响。

风火轮的推动力

大家可能会有疑问，为何恐慌不会止于智者？为何恐慌会顺利传递到购房者这一方？为什么中途不会出现衰减，最终导致这个循环转不起来呢？

这里有一群不容忽视的、持续加力的推手，他们包括房产中介、地产商、地产销售代理、分销渠道、媒体及自媒体平台和地产专家，他们不停地说房子好、未来房价要涨、要赶快买。作为购房者，只要你买房的念头一冒出来，就会被他们的线上或线下团队精准捕捉到，瞬间坠入他们提前编织好的极富黏性的网，流程化地越陷越深，在这个巨大的风火轮里转，难以逃脱。

所以我们看到，推动风火轮持续运作的动力来源于几个不同板块，他们相互呼应，顺畅衔接（见图7-2）。

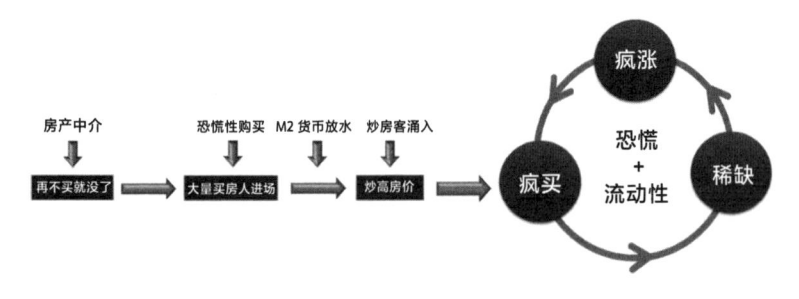

图7-2 "房住不炒"之前的买房逻辑

双向调节失灵

这里面有没有一种可能，可以让转动的风火轮慢下来，或者停下来？

不得不说，在中国房地产市场这个巨大的风火轮内部，缺乏一个逆向调节装置。

我们会发现，不仅通过市场供求关系形成的房地产价格调节机制失灵，而且通过上下游市场相互影响的双向调节机制也失灵了。

大家都知道，房地产市场的深层逻辑是土地市场的系统安排。成熟经济体的房地产市场通常会被划分为一级市场、二级市场和三级市场，即土地市场、新房买卖市场和二手房交易市场，3个市场上下游的关系是联动的，上游影响下游，下游也可以对上游起到平抑和调节的作用，这是一个正常的市场机制：

一级市场（土地）←双向调节→二级市场（新房）←双向调节→三级市场（二手房）

如果二级市场的新房很稀缺，可以通过一级市场多卖土地来平抑房价；如果二级市场房子不好卖，一级市场就少卖土地来减少房源供给，从而回调房价。价格上的互相影响也很明显：房价高，会导致地价升高，但土地持有者为获利会加大出货量，从而使房子的供应量增加，供需关系的变化又会传导到房价上来。房价低，土地市场交易量会减少，供应相应减少就会抑制房价的下滑趋势。这里的负反馈机制也很明显。

在中国，一级市场的土地是由地方政府支配的，不存在竞争，导致地价的变化是单向的，对二级市场的调节作用比较有限，无法形成负反馈机制，这就导致 3 个市场的价格调节机制失灵，形成非正常的市场调节机制。

加之中国房地产市场发展的阶段性特点，很多城市的三级市场（二手房市场）还没有形成，所以对于二级市场，即新房价格的调节，也没有一个从下游来的市场调节机制，两个方向都无法形成制约，就使得这套恐慌性的逻辑持续地发挥作用。

很多人把中国的高房价归结于土地的这些系统安排。这么说对，也不对。因为我们看到土地性质相同的国家，市场表现却大不同，如德国和美国；同一国家在不同阶段也可能大不同，如 20 世纪 80 年代前后的日本。

土地的系统设计不变，这套运行逻辑就会持续运行下去吗？非也！一方面是各种名目的开发导致这么多年房产开发总量积累到了一定程度，红线外的房产存量已足够多，另一方面是这条红线也被适当地调整。

2019 年修改的《中华人民共和国土地管理法》第六十三条规定："土地利用总体规划、城乡规划确定为工业、商业等经营性用途，并经依法登记的集体经营性建设用地，土地所有权人可以通过出让、出租等方式交由单位或者个人使用，并应当签订书面合同，载明土地界址、面积、动工期限、使用期限、土地用途、规划条件和双方其他权利义务。"该规定意味着国家把红线内的一部分拿出来，形成红线内的飞地。在这次修订中，"基本农田"被修改为"永久基本农田"，体现了加强对基本农田的永久保护这一理念，但是相比原来一刀切地把 80% 以上的耕地划入不能碰的基本农田，还是体现出灵活性，就是对不同地方可以进行指标的微调。

这条线的刚性一破，加之市场运行到了一个新的阶段，18亿亩耕地红线正在恢复它原本的意义，那就是对土地的保护会更有效，对房地产市场的影响逐渐减小。

改变总是充满不确定性，它从另一个方向吹来了更为强劲的风，影响似乎更大！

08 一切都变了

一切的改变源于房子功能定位的变化。房子的投资价值被调整，回归到其使用价值上来。这再次改变了房地产行业的底层推动力。此后，房地产的运行逻辑变了，购房者要随之更新买房逻辑了。

引发改变的背景

房地产行业几十年的快速发展推动了城市化建设，改善了老百姓的居住条件，也为经济建设做出了巨大贡献，但同时也带来了复杂的社会和经济问题。

从宏观层面来看，房地产作为引领经济的三驾马车之一，长期引领地方投资、企业投资和家庭投资，但长期的大量投资导致三方的债务率都在不断升高，财务杠杆不断加大，形成了明显的房地产投资泡沫，带来的金融风险敞口持续加大。

从民生层面来看，房价过高导致老百姓买不起房，解决城市居民住房问题成为各级政府的一个民生难题。特别是像深圳、上海等一线城市，其综合竞争力也因此受到影响，高房价导致创新人才留不住，企业留住人才的成本过高。

从行业层面来看，房地产行业快速、滚动式的开发模式也走到了疯狂的尽头。此前，境内外资本大量涌入，开发商高杠杆、高价拍地，为获得可观的资本收益率，快速复制产品，快速出售，迅速回笼资金再投入下一个项目，形成滚动的开发模式。但竞争导致土地等成本推高，企业利润率持续降低，为了维持收入和利润的增长，企业就不得不做大规模。

扩大规模往往需要不断负债提高杠杆比例，当时很多企业的资产负债率已经超过了70%这一警戒线，净资产负债率甚至超过了100%。当时地产行业的膨胀已到了无以复加的程度，很多地产企业都囤积着大量的待开发项目，沉淀着大量资金，成为巨大的吞金兽。后来这些企业虽然通过卖项目断臂求生，但还是填补不了资金短缺的巨大黑洞。

这种膨胀同样侵蚀着其他相关行业，使银行等金融系统承担的风险不断加大。个别企业通过收购银行、保险公司来继续加大融资，企业普遍发行各种企业债，导致地产的风险大量外溢到社会上。这也对建材、家具等上下游企业构成了系统性的风险冲击。

在这样的情况下，必须要对房地产行业有所调整，且需要下决心彻底转换底层逻辑，即改变房子的功能定位，当然也包括房地产行业的定位，要强调房子的居住属性，而不是将其当成投资产品。

在宏观经济层面，房地产投资不再作为拉动经济的马车，而被定位于解决民生问题，满足老百姓住有所居的需求。在此后的一系列重要报告中，房地产多出现在重大民生问题的议题里，而不是经济发展的议题中。在行业层面，地产企业的过度膨胀得到遏制，行业重心转移到保障性住房的建设。同时在社会舆论层面，舆论风向开始转移，打击炒房行为，及时处理反面典型案例。

下列是其后发生的几个重要事件的时间节点。

2016年，住建部约谈16个热点城市领导，要求稳定房价。

2017年，北京出台史上最严厉的"317地产新政"，成为一线城市中房价率先降温的城市。

2018年7月，中共中央政治局召开会议，第一次提出"坚决遏制房价上涨"。之前历次会议都是"稳定房价"。在拉动经济和防止出现泡沫的两难选择中，最终选择了后者。

2020年7月，深圳出台"715新政"等，限制投资客进场，最后一个房价倔强的城市开始出现市场变化。

2020年10月，央行和有关部门召集重点开发商开会，给他们划出三条红线，即资产负债率不超过70%、净负债率不超过100%、现金短债比不小于1，防止其继续扩张。年底最后一天又给银行划出两条线，即对各个商业银行的房地产贷款占比和个人住房贷款占比设置了上限。"三条红线"加"两条实线"，严防"灰犀牛"。

2021年，北京"南城房姐"被宣判无期徒刑。同年，深圳七部门联合发布通报，"深房理"违规炒房将被查处。

2021年8月，中国恒大发布2021年上半年业绩报告，声称"一些与房地产开发相关的应付款项逾期未付，导致本集团部分项目停工"。同年9月,恒大宣布"爆雷"。恒大数以百计的项目已处于停工状态。

随后规模过大的地产企业频频宣布无法偿还到期外债。社会上烂尾楼维权事件大量出现。

2021年底,多家地产上市企业预报业绩下滑。地产企业纷纷变卖资产、降价求生。

2022年,包括互联网巨头在内的平台大厂也都开始"人员调整",经济基本面带来的工作、收入变数,进一步动摇房地产的市场信心,至此对楼市的预期及市场基调已经形成。

通过原理加深理解

根据本书前文所述房价热气球模型等原理,结合上述底层逻辑的改变,重新梳理这个过程,我们可以发现这一转变的必然性及其结果的必然性。

首先,房地产的定位转变为面向真正需要住房的人,这一转变通过限购导致了进场人数减少。根据房价热气球模型,进场人数减少,市场温度立马降低,房价高低随之变化。当然只要有获利空间,投机行为就会防不胜防,限购被假离婚等方式变相突破。在政策刚开始施行的那段时间,出现了很多乱象,例如深圳一个小区的购买资格竟被转卖到50万元。

其次,这个定位转变通过提高二套房的首付比例提高了投资门槛,并且配合限购、限售等资格准入条件来限制交易条件,这就意味着房地产流动性的降低。根据房地产流动性原理,房地产一旦失去流动性,靠买来卖去形成的增值部分就大大降低了,套利空间小、成本加大，投资客自然随之减少，这部分热分子减少，热气球里的温度必然下降。

特别是"不让涨价"彻底改变了原来房价必涨的一贯预期。这个预期一旦被认为是确定的，想买房的人就不恐慌了，就不急着买了，前面讲过的那一整套恐慌性卖房逻辑就失效了，开发商原本的营销策略不再奏效，最后即使降价也无法把市场温度带起来了。当大家看到的是降价之后还有降价，就不再积极进场，这样市场就陷入了另一个循环。

一方面进场热分子变少，另一方面热分子的进场动力减弱，加上几十年地产大发展导致住房存量持续增加，很多三、四线城市的房市已经明显供过于求，这些是肉眼可见的事实，即使中介再大力推销，恐慌心理也难以形成。还有经济增速放缓带来的收入变化、购买信心的变化，都在从不同的方向对原有逻辑发起挑战。我们会看到，转了几十年的风火轮将无法继续转动。

房价的超导效应

以上分析不难理解，但是现实的市场变化并不是和理论推演的进程完全贴合。有些政策立竿见影，有些政策因为累计效应或者地域差效果滞后，这些也都容易理解。但还有一些政策的溢出效果出乎意料，甚至事与愿违。这里似乎还有着更深层的作用机理。因此，我们需要继续探讨一下这个逻辑改变引发的动力传导机制的变化，从而更深地理解现象层的变化。

在过往分析一轮轮的房地产"相变"过程中，我发现了房价的超导效应。物理学上的超导效应，是指当温度下降到一定程度时，材料的电阻率突然变为零，这个温度叫临界温度。提高临界温度乃至实现常温超导，是科学家们百年来追求的目标。

在楼市变化中，房价似乎也存在"超导效应的临界温度"：并不像我们想象的那样，把热气球开关拧紧或拧松，市场温度就跟着下降或上升，这个变化其实不是连续的。前面原理部分写过，这个过程是不对称的、不可逆的，这里我们发现，它也是不连续的。真实情况是，当一定量的购房者不进场买房后，市场热度会骤然下降，房价上涨的动力几乎为零，这里也出现了一个显性的市场变化的临界值。

这是我较早提出的一个城市房地产市场变化的临界点概念，现在被大家通俗地理解为楼市成交的枯荣线。每个城市的体量、楼市发育阶段、购房者成分不同，这个临界值也会不同，但大多可以根据多次变化的结果近似地总结出来。

但在这次定位转变中，特别是定位转变之后的市场变化中，我们还发现了楼市超导效应的一些特殊现象和发生机制。

深入分析后我发现，"初始推动者"轮换导致参与者出场顺序变化，进而导致一些意想不到的结果，比如不论政策如何激励大家改善住房条件，市场都不见起色等。

我们知道，从买房需求划分，可以把买房人群分为3类：刚需型、改善型、投资型。

在定位转变之前，每一轮楼市行情的变化都是由刚需型购房者开启，带动改善型购房者，房价上涨后继而带动投资客，最后引起自下而上推动的"全民炒房"热潮。

定位转变之后的情况是，由中间带动两头。少量的改善型客户通过将正常住房升级，向上、向下两个层面带来需求扩展。即他们要把现有房子卖了,向下带动刚需;再去买更好的房子,向上又带动原来的豪宅交易。

这个动力传递模式和原来的传递模式完全是两个概念。比较一下,原来由刚需型购房者推动的,是单向的向上传递,都是正反馈的推动。在传递的过程中,信号会被一层层地放大。举个例子,就像零售领域的放大效应,零售店估计能卖出去5个商品,他可能会向批发商要货7个;批发商收到7个送货需求,会把备货增加到10个,向工厂发出10个订单。我这里仅指信息传递的单向反馈效果。

在以前的房地产市场中,正是随着这样一层层加码,楼市的需求被放大,进场人数被放大,市场温度随之升高。现在市场由改善型购房者推动,向上、下两个方向传递,就可能会出现负反馈。比如改善型购房者需求多,他放盘就多,下游的刚需型购房者收到的就是一个"不着急"的信号。不像之前来自刚需的恐慌信号在层层传递中被放大,这种情况下每个群体对市场的推动不再像过去一样是次序进场、一致发力、共同推动,而很可能是彼此抵消的。

所以,仅靠改善型购房者这一个群体,很难推动或拉动上下两个需求群体一起同向行动,不但过去每一轮的"全民炒房"不会发生,为鼓励改善住房出台的很多救市措施也不会显效。如果同期再推出加大保障房建设的政策,按住刚需,那么从这个角度来看,此举和救市逻辑正好相反。

所以从具体而细微的层面理解房价的"超导效应",也许可以更深地理解这些看来反常或者事与愿违的现象。

为何刚需不再成为"首发"?还是如本章开篇所说,房地产的定位变了。一方面要加大保障性住房建设和供给,保障住有所居,另一方面存量房确实够多,刚需群体彻底破除了恐慌性买房的惯性束缚,买房变成了改善住房条件的正常需要。

当然,刚需也是要由需求内容来定义的,如果买房成为抵御通货膨胀的唯一手段,这时买房保值变成另一种刚需,那么首发阵容会再次改变,动力传递机制随之改变,楼市的行情也必将因此改变。但不管市场如何变化,这些底层逻辑和原理是不变的。

09 新底层逻辑正在生成

购房者必须构建一个买房新逻辑——从政策新逻辑到市场判断新逻辑再到投资买房新逻辑,其关键是看清中国房地产市场的变与不变。

构建买房新逻辑是个认清现实、直面变化的过程,要直面现实市场不断调整的现实,不要抱着固有的看多或看空的想法,要理解房价热气球模型。这一章可以帮助购房者增加"心理灵活性",把市场上流行的一些认识误区一一绕过。

变与不变

改变是很难的,需要克服成功者的惯性和失败者"推倒重来"的侥幸。

成功者往往认为,自己过去的判断很准,投资的每套房都很成功,未来还会续写成功。但成功者同时应该看到,自己赖以成功的那套底层逻辑变了,稍不注意就会让过去的收获清零。

失败者往往会觉得，终于等来了变化，原来成功的前提都不作数了。但失败者此时更要充分认识到，中国住宅市场是一个庞大且复杂的市场，市场转变不可能像手动换挡那样轻松，这中间必定要有个过程。不过，转变趋势已然形成，过程会不断加速。

房子定位的转变，显然意味着我们要更多地考虑使用价值，而不是投资价值。再说直白点，未来买房要多看本片区的租金水平，而不是只关注升值潜力。但是，要换挡到国际上通用的对不动产估值的方式，必须经历一个调整期。

不流于简单判断，深入事实进行更多观察，是我们构建买房新逻辑的要点。同时必须看到，在定位转变的大前提下，还有一些东西不会变，而这些变与不变同时左右着市场，恰恰是我们准确判断市场走势的依据。

变——预期变了

第一个变就是如果楼市的预期锁定了，不让涨了，那么接下来的问题就不是涨不涨的问题，而是一定会跌。因为大家都买涨不买跌，并且随着这个观念深入人心，一旦确定不涨，那就没人急着买房了。根据房价热气球模型来判断，只要市场热度一降低，热气球的高度必然降低。更为重要的是，一旦不涨，楼市中最活跃的热分子——投资型购房者就不会进场，楼市温度将下降更快。

当然楼市的高地会随着经济的变化以及楼市的作用和地位的变化而有所调整，在稳市场、稳预期、稳房价的不可能三角中，不停地切换。

不变——人们对好房子的追求不变

在任何时候，人们都会对一套好房子心驰神往并愿为之奋斗。在城市里有一套自己的房子、有自己的一席之地，是大多数人生活的重大目标。不光是中国，东亚文化圈都有着对土地、房子的特殊情结。比如日本，在《哆啦 A 梦》中，大雄和胖虎穿越回去做的第一件事就是竞争地盘、划地。

因此，好房子永远都有人要，建造好房子永远都是一个不会衰败的行业。从个体层面看，一套好房子能驱动个人更努力地工作；从宏观层面看，这些动力汇聚成一股拼搏的社会力量，拉动着社会经济往前走——这股力量会持续存在，我们永远不要低估它。

变——市场的主导方变了

说房地产市场从卖方市场变为买方市场有些笼统，因为各地情况不同，这个变化在部分城市 10 年前就开始了。应该说 2022 年之后，最大的改变就是房地产市场的主导方发生了变化。

楼市有多个参与主体，包括中央政府、地方政府、开发商、购房者、卖房者及中介。过去的主导方是中央政府和地方政府，现在的主导方变成了购房者。

主导方的变化带来的实际意义就是判断市场的逻辑发生了变化。过去主要看政策，政策很奏效，那么在不知不觉换了主导方的情况下，就要看购房者的"脸色"了。特别是在市场下行阶段，这个变化使大家感到不习惯，过去适用的法则现在不再适用了。

看购房者的"脸色"，主要是要看懂他们买或不买房的理由。

现阶段的主要目标是让他们恢复对楼市的信心,要在信心上做文章,不是简单地沿着原来控制性措施的反方向再来一遭。

不变——抵御通胀的作用不变

大家买房子来为财产保值、抵御通货膨胀的作用不变。

在政策方向明确、明知房地产行业黄金时代已结束的情况下,仍有一部分人在这一领域执着地投资,这并不是说他们看好房地产行业的前景,而是他们很难找到更好的投资标的。大家把钱投资在别的领域更不踏实,只好退而求其次。投资不动产,即使房价不涨,起码可以留下点什么,钱不会完全打水漂儿。

从宏观经济层面来看,房地产作为一个资金池,还会继续发挥蓄水池的作用。有了这个巨大的蓄水池,某种程度可以分散一些热钱的流向,对通胀也起到一定的调节作用。

变——房地产行业变了

房地产行业通过快速滚动开发的模式,在短时间内建造了大量住房,极大地改善了中国人的居住条件,但如今整个行业已迎来转折点。对于多数房地产企业来说,可能只有"转世",没有转型。究其原因,从企业角度看,经过这么多年的野蛮生长,房地产企业都长成了大块头、大胖子,一遇市场变凉、现金流不畅,中风倒地,转个身都难,何谈转型;从行业角度来说,这么大体量的行业已经在高空中高速飞行很久了,要么硬着陆,要么不着陆,很难软着陆,更无法实现在空中变体,变成一辆公交车和一辆私家车(福利房和商品房各自发展)。

地产行业转折带来的直接问题就是烂尾楼危机。烂尾楼起初只是局部问题，但其会对楼市的两个部位发起攻击：一个是地方政府为了防止房屋烂尾必定要加强监管，把开发商本来就紧张的预售资金监管起来；另一个是烂尾楼在市场层面打击购房者的信心，让大家不敢进场，开发商预收款更难。面对烂尾楼危机，防止房地产公司风险外溢是接下来的主要工作。

不变——拉动内需的支柱产业地位不变

之前为了防范资产泡沫，政府宣布不再依赖房地产拉动经济，但房地产始终是拉动内需的一个选项，毕竟房地产行业拥有每年十几万亿级的交易量，带动数十个相关行业，对国内生产总值的综合贡献率达到12%左右，没有什么行业能够代替它。

从国家经济发展的层面来看，其对经济发展也会发挥一定的基础性作用。和过去不同的是，这部分内需以前靠民营开发商这一头牛拉，现在是由多主体拉动，地方政府也短暂下场，参与各类政策房的开发。

房地产对地方政府的经济支撑作用就更无须多说，我们看到近些年城市间的竞争逐渐演化到人口争夺战，其本质就是在抢夺楼市购买力——一家三代6个钱包，在靠地产拉动城市经济的路上拼尽全力。

变——从所有城市齐发展到两极分化，再到孤岛效应

从所有城市普涨、所有人普遍看好，到三、四线城市掉队，中部的二线城市陷落，一、二线城市和三、四线城市分化形成巨大的差异，并分化出南北楼市的分界线，且这条分界线一直向南移动，从山海关到黄河，过了长江，还会继续向南。

这样的两极分化乃至到无极化，短时间内并不会改变，还会因为地方经济、人口、收入等因素的叠加而加快，最后会出现"孤岛效应"，就是大多数城市楼市越不好，少数城市的少数板块会越好，就像孤岛一样耸立。

不变——土地财政的惯性依赖不变

地方政府运营的很大一部分是城市土地的运营，收储、整理、拍卖，以此获得城市发展资金。这样的循环帮助地方政府维持良好运转和发展近20年。

2020年，全国卖地收入达到8.41万亿元，是当时的历史新高，更有媒体报道土地收入占全国财政收入18.29万亿元的46%，但这种表述是错误的，因为卖地收入不包含在一般财政收入里，而是包含在基金性收入项下。不过，包含在一般财政收入里的土地与房地产相关的5项房地产税收达到1.9694万亿元，房地产带来的总收入超过10万亿元，确实非常可观。

因此，土地拍卖，包括发展房地产，还是很多城市的重头戏。土地财政作为地方政府的主要财力来源，一旦消失或减少，暂时没有什么产业有这么大的数量级能够形成替代效应。房产税开征的窗口机会已经关闭，如果中央和地方的分税比例不变，地方政府要想维持财政的收支平衡、正常运转，还是要救楼市。

变——从以调控为主变为以救市为主

随着房地产市场供需发生重大变化，各地楼市的问题会一个个被引出。地方政府的工作会从原来的调控楼市过热变为抢救楼市。

由于地方财政对土地的依赖，一旦楼市出现问题，各地政府会不遗余力地救市，也就是救"土地财政"。所以诸如取消限购、降低利率、降首付等各种支持房地产行业的措施会层出不穷，甚至行政性地下达购房任务，买房送户口、送学位等很多年前使用过的非市场手段的促销办法都有可能回来。

不过地方政府无法短时间内消除购房者对市场的担心，虽抛下了很多"救市绳索"，反而让购房者从这些救市信号中读出了更加没信心的信号，进而更远离市场，楼市下滑越来越严重。

不变——保护 18 亿亩耕地红线的原则不变。

这个不变对土地市场的形成、对房地产一级市场和二级市场的形成，都是源头性的制度安排。只有这个原则不变，土地才会成为具有稀缺性的商品，才会有地产市场的这套逻辑。

"各级党委和政府要将耕地和永久基本农田保护作为必须完成的重大政治任务，确保耕地保护红线决不突破。"但是，农村集体土地、单位存留土地等原来不是建设用地或不准开发的土地，可以拿出来建租赁房或政策房，缓解城市建设用地不足。

这些灵活的政策进一步说明，大方向不变，小改变会不断。

综上可见，不变中有变，变中有不变。从这些变与不变中，我们能够知道政策和市场的走向，从而总结出我们最终要的买房新逻辑。

另外，前面所说的所有原理和规律都还在发生作用，只是影响作用发挥的条件有变化；后面章节的很多实操规律也不变，尽管环境改变了。

房地产问题已经不是一个单纯的行业问题或者地方经济问题，它和宏观经济的社会基本面紧密联系在一起，在房地产领域内已解决不了房地产的问题。

楼市明显进入了下半场，这个下半场是 5 个分场叠加在一起的，即城市化的下半场、外贸的下半场、基建的下半场、人口红利的下半场、政策效果的下半场。

5 个认知误区

在这样的复杂情况下，我要提醒大家避免走入认知误区。

坐等房价反弹

很多人以为楼市是人为压下去的，还会像历次调控一样，再反弹回来。

这里要再次指出，房价是热气球，不是皮球，没有必然的反弹力，并不是压下去就必然会弹上来。海口房价当年被压下去，大家等了几十年，一直等到海南成了国际旅游岛，才涨回当时的水平。

而且，如果房价被压下去久了，形成房价不涨的预期，大家投资进场的热情被熄灭，房价热气球的温度就会降下来；取消打压房价的动作后，房价下跌的概率更高。

所以，等房价报复性反弹是最大的误区。

还有人抱着类似的逻辑，说限购让很多人失去购房机会，如果我有名额，它就是投资获利的机会。但你要想想，大家都没机会进场，市场温度就下来了，房价也就失去上涨预期了。就像北京周边的北三县①，限购政策一出台，大量的投资者无法进场，少量有资格的购买者也许觉得这是个机会，指望政策取消的那一天有大量投资者进场把房价抬高，他们便可出手获利。但是政策导致当时房价腰斩，很多人对此心有余悸，即使后来限购取消，投资者也不敢进场，所以并没有等来房价的报复性反弹。

当然，这种情况并不绝对，也有限购政策取消后市场温度还会回来的情况。

坐等降价解决问题

人们总是想当然地认为解决楼市危机的方法就是降价，只要房子价格变低，自然会有大量购房者出现。可是，为何有些城市救市不见成效，还是不选择降价呢？

大家可能会认为是因为降价后开发商没利润，不愿降；当开发商没利润时，地方政府的土地卖不掉，不让降。所以，有的地方会出现限价令，甚至惩罚带头降价的开发商。

其实这都不是主要原因，更重要的是降价并不一定就能救楼市；相反，对城市整体市场还会起到反作用，带来一系列负面效应，甚至引起信用和信心崩塌。

人们的普遍心理是买涨不买跌，一旦降价，大家还会期待降价更多。单个楼盘大幅降价可以达到促销的目的，但对整座城市的房地产市场来说，购买总量并不会因为降价而增加，反而是整体卖不动了。对于降价的楼盘，也会额外承担前期已购业主闹事

---

① 北三县，指地处北京市与天津市交界处的3个隶属于河北省廊坊市的县级行政区，包括三河市、大厂回族自治县和香河县。

的风险。

现在买房贷款大多是用不动产抵押，房价一旦下降，会导致银行抵押资产缩水，引发包括金融系统在内的一系列信用危机。所以，降价自然不是地方政府、银行和开发商的首选。

坐等租赁房来解决高房价问题

这两年关于租赁房、租售同权的讨论很热烈，仿佛高房价问题、教育公平问题可以因此一下子都得到解决，但实际上并非如此，这些问题不可能在这个点上得以解决。

租赁房及租售同权可以使房价下降的逻辑是，有同权的房住了，就可以不买房了。大家不买了，房价自然随之下落。

流动性原理已经说明租售是两个市场、两套逻辑。只要房价继续上涨，投资有利可图，即便租金再低，大家还是会选择买卖房产，租房自然就无法替代买房子这一选项。在购房群体中，80%的人混合着居住和投资保值、增值的目的，也因此房子定位的改变才具有如此强大的震撼力。

另外，共有产权房也解决不了这个问题。比如，北京市政府为了降房价、降置业门槛，2017年提出要每年推出5万套共有产权房。开始大家都认为抢不到，后来有段时间发现是卖不出去。对此很多人想不通。不是嫌贵吗？共有产权房价格比周边便宜。不是买不起吗？给你降低一半的门槛。想找个人合买，不是怕这个人无法信任吗？公信力最好的政府和你一起持有。大家却不领情。原因就是这个房子很难升值。因为5年后才能转让，并且只能转让给有限的符合条件的购房者，用前面学习的房价流动性原理一分析就明白了。

所以用发展租赁房和共有产权房的方法来解决高房价问题，短期效果不明显。

另外，通过发展长租公寓来降低租金的想法也很难实现。特别是希望大资本进入这个行业，实现租赁市场的繁荣，来缓解大城市住宅压力的想法，也值得商榷。

这也是我当时的推测，后来也应验了。

2005年我刚被派到北京时，租过一段时间房子。我发现房租的市场波动规律是：年底租金低，年初高；经济好时房租高，经济不景气时租金低。可是，后来房租开始只涨不跌，不管是年底还是年初，也不管经济状况如何。对此，我有点儿不解。

我买房后也把房子租出去，发现房租一直涨得很快，北京一居室的租金和深圳三居室的租金在一个水平。最后我发现，是中介公司在收储出租房房源，再统一由他们出租。这种现象破坏了原来的定价机制，北京的租房市场进入不管经济状况如何、市场需求如何，租金只能涨、一直涨的阶段。

很多人不明白，特别是几家房屋租赁公司的老板出来说：我们的房源只占租赁市场的5%，凭什么说我们价格垄断？事实上定价权并不需要占有50%以上市场份额才能拥有，靠控制5%的房源也可以控制市场定价。

因为在一个相对稳定的市场，这5%的房源放不放出来，可能恰好就是租赁市场上的房子好不好租、房源紧俏不紧俏的分水岭。因为住房是必需品，人们并不会因为价格便宜多租几套，也不会因为价格贵了一套都不租，所以你就拥有了掌握定价权的可能。

除了租赁公司把市场的供需形态搞得紧张，不利于租房人正常租房之外，从资本获利的角度考虑，当大公司资本介入租赁市场时，出于盈利要求，一定是要从房主和租客身上多赚一些，并且以垄断性的地位决定市场价格。

在长租公司介入前，租金是通过一个个租客对一个个房主，即"小散"对"小散"的谈判形成的，双方谈判地位基本是对等的。长租公司介入后，就是"小散"与大公司谈判，双方谈判地位明显不对等，还有的谈吗？这就是很多资本进入长租市场敢于疯狂补贴圈房源的原因，因为他们知道未来自己手里握有定价权。

这些公司还利用大数据增加谈判的筹码。比如，租期将到，你收到公司推送的信息，说大数据显示本片区预期较好，你这套房子已有 4 个人看上，你要不要续租？等待你的要么是接受涨价，和大家竞租，价高者得；要么就是搬走。你能怎么办？

所以资本进入租赁市场，大力发展租赁业，未必是租房者的福音，甚至可能是噩梦！

坐等 3 年一周期的循环

因大形势变化的影响，很多地方的房价降下去了，但很多人不死心，坐等专家给他预测的 3 年一周期或 2 年一周期，还有言之凿凿 23 个月一周期的。

我可以郑重地告诉大家，我至今还没看到一个专家对房地产周期的预测方法是靠谱的。一个运动之所以有周期，是因为有着固定的回复力，就像单摆有周期是因为有重力这个固定的回复力。当单摆小球摆到高处的时候，重力把它拉回来；拉到最低点的时候，惯性又把它推上去。我们看房地产市场的周期形成，似乎也有着固定的回复力,那就是中央调控政策的目标设定中存在着这样的回复力。房价太高、楼市太热,给降降温;楼市低迷、市场冷了,又帮忙去库存,让温度回暖。以"稳定楼市"为调控目标,就形成了固有的回复力,因而形成了周期。

但是楼市由中央政府、地方政府、开发商、购房者等多主体参与,所以这个回复力是多种力量的合力。地产周期也就变成多个周期性的耦合,包括金融周期、调控政策周期、地方市场周期、建设周期、去库存周期、消费者心理周期等。没人做过更细致的研究,都是依靠简单归纳,但似乎也不妨碍他们对外宣称其预测是准确的。这是因为中国幅员辽阔,地区差异化巨大,市场宽幅多频震荡,房地产市场走势不是一条线,而是很多条线。我们甚至没法确认一轮全国性周期的起点和终点的明确位置,因为并不是只有一个点,而是很多个点落在很宽泛的一个带域。

举个例子,比如说深圳等一线城市房价领涨,等轮涨到东北的城市时,可能间隔了很长的时间。可能深圳的房价已经涨完一轮,而长春还没启动,像太原这样的资源型城市的房价可能稳定10年不动。

在2015—2018年这4年时间里,随意找两个时间点,市场表现和周期论都是相符的。这是因为每种状态下都存在着大量的城市,选取任意一个时长作为周期,画一条周期曲线,都能串起很多城市,都有大量城市样本作为周期涨落的数据支撑。

具体怎么看待周期,就要看你选择数据的标准了,何况每一次涨跌的开口时间不一,这一点就足以淹没整体的波动周期性。因此周期论是极不靠谱的,希望大家不要信以为真。

据我观察,这么多年来,房地产周期的时长不易确定,但是每个周期的各阶段形态是确定的、完整的，分为热销、观望、量价齐跌、再回复等多种形态。而且随着炒房客的增多，各形态之间转换的频率越来越快。就一个地方的市场来说，这个周期没有确定的最大值，但似乎有个确定的最小值——18个月。通常来说，一个房地产市场从热销到冷清再到热销的循环，需要完成几个必要的动作转换，而这些转换需要一定的时间。这几个必要动作包括降价促销、促销失效、市场停滞、舆论回温、刚需进场、投资客进场、房价提升、加推楼盘等。

在我看来，如果有一个确定的周期，那么过去二十几年的波动上涨是半个周期。

坐等城中村改造再来一波牛市

近年来中央多次强调在超大特大城市推进城中村改造。2023年7月国务院常务会议审议通过《关于在超大特大城市积极稳步推进城中村改造的指导意见》。7个超大城市（城区常住人口1000万以上）和14个特大城市（城区常住人口500万以上1000万以下）被寄予厚望，2024年，城中村改造扩围至300多个城市，大家期待这一轮旧城改造会再现上一轮棚改带来的市场大爆发。

其实这里有个误区。棚改和城中村改造差别很大，主要是改造成本差别大。棚户区改造主要针对城镇国有土地，原来的居民以货币化安置或者实物安置为主；而城中村改造主要针对的是集体土地，多元主体之间关系更复杂、技术改造难度更大。更主要的是城中村多位于城市核心位置，容积率本来就很高，拆迁补偿成本很大，所以在楼市下行的情况下，投入改造的企业未必能赚钱。如果一个个项目的经济账算不过来，不管拥有多少融资上的便利和支持，还是难以循环运转起来。

能支持我这个观点的一个例子是深圳 2023 年出现了一栋 72 层住宅。为何住宅要建这么高？就是因为这是城中村改造项目，拆迁补偿成本高，开发商还要赚钱，最后就只能提高容积率，不断加多楼层，增加可售面积。但不是每个城市盖这么高住宅都能卖得掉的。

因此，城中村改造的商业闭环很难完成，不会一下子出现大量改造项目，也就不会像当年货币化棚改一样，出现拆迁户短时间内集中进入市场，一夜带旺楼市的现象。

买房新逻辑

基于对楼市变与不变的认识，我们可以推导出一些买房新逻辑，包括对不断变化的政策的理解和判断。

首先判断逻辑要变。过去我们预测市场，通过两条辅助线就可以求解楼市的走向。一条是中央政府给出的上线，另一条是地方政府给出的下线。有了这两条线，就可算出房地产市场价格的起伏空间，就可以判断投资主体是否进场，探测市场的热度，从而运用房价热气球模型，推测房价的变化。

现在判断市场主要得看购房者这个群体的"脸色"，即看他们对市场的信心如何，主要是重点观察能给他们带来信心的机会点。

比如我们在 2023 年主要看 3 个机会点：第一个是疫情管控放开后的小阳春有多大的带动力；第二个是两会新人新气象的带

动力；第三个是看一线城市能否成为爆款，形成最后的带动。

信心不是凭空来的，是建立在一定的社会经济基础之上的，是符合绝大多数市场的历史经验和规律的。为此我们要重新找到中国楼市的3个参考标准：

- 中国社会经济发展水平；
- 发达市场的历史指引；
- 特殊城市的"苗头性问题"（比如一些城市因资源萎缩、城市产业结构失衡，楼市出现新的苗头时，要看看自己所在的城市是否也有同样的问题）。

其次，时刻跟踪市场，对市场抱有敬畏之心。最后，要实现4个转换：从追求涨价到追求保值；从看升值到看租金；从用发展的眼光看问题到只看确定性；由确定性出发——从寻找价值洼地，到发现"孤岛效应"。

以上是我渐渐明确的买房新逻辑。

在不确定的时代，确定性成了最稀缺的资产。何为确定性？就是那些逻辑简单、多数人一看就懂的东西。比如主城区的房子、周围教育资源好的房子、好出租的房子、最好是租金能覆盖按揭的房子。

当确定性成为资产的护城河，就会形成"孤岛效应"。比如，为什么近几年上海1500万~3000万元的准豪宅比较抢手？经济和楼市不好，不应该是小户型、低价楼盘更好卖吗？

这里面就存在几重确定性。

首先，上海在中国遥遥领先的地位是确定的；其次，上海一江两岸、内外环这样的城市布局定型了，占据现在的核心区就占据了这个城市永久的核心资源，这个也是确定的；最后，150~200平方米的改善户型对中上收入家庭的普适性也是确定的。有了这样的几重确定性，这些准豪宅就成了可以穿越经济周期的良好资产。而且越是楼市普遍不好的时候，它们越是大家寻找的香饽饽，有点儿像"股市越烂，茅台越抢手"。

"孤岛效应"不是指楼市分化成有的好、有的差，而是指当大多数地方越不好时，少数具有确定性的地方反而越好。所以从确定性的角度出发，就能发现楼市中的一些具有"孤岛效应"的地区、板块和品种，也就知道要买哪座城市、哪个区域、什么样的房子了。

房子是用来住的，而衡量使用价值的就是租金。在房价飙升的时候，没人考虑租金，但从发达市场的常态来看，租金是衡量房子价值的主要指标之一，我们未来一定会向这个价格体系过渡。

城市化经过了狂飙突进的数十年，再用"快速发展"的眼光看问题，显然不合适。从全球城市化的规律来看，我们已经走到中后期，不会再有大发展、大变化。就像一个孩子长个子长到15岁，基本就不长了，剩下的是长思想、长能耐了。

购房者的逻辑起点也要变得保守些，从追求涨价到追求保值。

最保值的是什么？是喜欢，是全家人喜欢这套房子。房子最大的价值，是给全家带来生活品质的大提升。这个指标虽然虚，但很真实，值得抓住。其实所有决策最后都是靠感性的"一拍板"。第一感觉是否喜欢，超越了你对房子的所有理解和期待，成为储存在潜意识里的决定性因素。

综上,房地产的底层逻辑变了,政策逻辑和市场判断逻辑都要跟着变,我们摸索出的新的买房逻辑有以下3个基本点:

・以租金收益作为房价的锚点,以居住体验作为选择标准,以历史大趋势作为投资指引;
・如果要再给出新逻辑下的买房三原理,应该是:确定性原理、舒适性原理、大趋势原理;
・回归经济规律,回归城市化发展规律,回归房子"住"的本质,回归经济社会的现实。

最后谨记,炒上去的房价会降下来,盲目投资要交学费,没有例外。

买房"三要三不要"

大的逻辑变了,在这个前提下,要冷静地看一些变和不变。能看到大变,才能保住过去的成果;能看到不变,才能找到下手的机会。要在理解了买房新逻辑后,把它内化在你的决策程序里。

如果说还要给购房者几个建议,那就是"三要三不要"。

第一个"要":要买"卖得好"的房子。卖得好,烂尾概率低;大家都觉得好,说明它是普适的,未来流动性强,根据房价的流动性原理,它是可以保值、升值的。第二个"要":要买成熟片区的房子。亲眼所见的才是现实,规划的地铁、配套还没建起来，就视其为没有。第三个"要"：要买好租的房子。住房的价值逻辑变了，投资的技术路线也变了。

第一个"不要"：不要买旅游地产的郊区大盘和新开发区的楼盘。不要动用想象力。第二个"不要"：不要和互联网从业者（高收入者）抢房子。互联网高薪的神话日渐破灭，靠高收入的互联网从业者继续推高房价、造神盘的机会也将减少。类似概念的房子，不一定会继续涨价了。第三个"不要"：不要再去买那些"老破小"。因为这些年的小步迭代，新房和旧房出现了明显的代际差。一旦这个代际差成为共识，一夜之间，"老破小"会成为被嫌弃的对象。特别是住建部提出"好房子"的概念，在建筑层高、使用率等方面提高了标准，会使原来标准的房子一下沦为"坏房子"。因此手中握有老房子的就要尽快置换出去。

综上，对于不同类型的购房者，我比较保守的态度是：刚需型购房者：不着急！手里有现金的别慌，让卖房者慌。改善型购房者：不奢望！住着舒适就好，别老想着升值。投资型购房者：不贪婪！不要老想再翻倍，要想的是保住那一倍。

把那句广为流传的投资名言在这里修改一下——当别人贪婪的时候，你要恐惧；当别人恐惧的时候，你要更恐惧。

从今天起，保持对市场的敬畏。

第四部分

未来楼市的三大变量

如果我们从未来看现在,我们可以看到几个正在发生的景象:一个是我们脚下的地在动,即"城市板块漂移";另一个是一些可疑"分子"正向一个点聚集,可能引起链式反应的临界点正在形成。

前者是指城市化下半场中出现的城市分化、极化;后者是指开征房产税等一些政策可能导致日积月累的问题大爆发。还有房地产公司爆雷、烂尾现象的蔓延、人口数量减少,这些可能引发对楼市预期的彻底改变。

我们要克服自己的认知惯性,跳出当下,认真看待这些正在悄然发生的、威力巨大的变化。否则,过去的经验就会变成我们的负资产。

城市漂移：
城市化上半场

城市漂移就像地壳变动，在地下缓慢运行，人类毫无觉察。城市化是推动中国过去几十年发展的磅礴力量，在此之后就是城市的分化：一些城市萎缩，一些城市扩张；一些城市会围成群，一些城市也想手拉手，但是互相够不着。

我们可以从 3 个层面来观察这场巨变：城市板块漂移，城市的整体漂移，城市群的分化和聚集。踩到不同的板块上，面临的就是不同的命运。

北京向东，深圳向西

1987 年，我刚到北京上大学时，一位在当时的平谷县当兵的老乡邀请我去玩，我一大早从学院路出发，下午才到平谷。去一次不容易，我就在那里玩了一个周末。在附近的村子我遇到一个 10 多岁的小孩，我和他聊了几句。

"你的理想是什么？"

"我的理想是，长大了能去北京看看。"

后来，北京修了京平高速，我常常想起那个小孩：路通了，他来北京了吗？

虽然平谷属于北京，但离北京市区有很远的距离。那时的平谷农村，显然很少有外人踏足，村民们过着几乎和外界隔离的生活，那里和当时全国人民向往的北京完全是两个世界。

到了 2000 年，深圳的中心繁华区仍是地王大厦和国贸所在的罗湖区，后来的中心区福田区当时还是一片工地。我的工作地深圳报业大厦当时是福田中心区最高的楼。每天下班后我边开车边想：往东走，还是往西走？往东是大梅沙，往西是南山区。那时我还买不起市中心的房子，但在这两个地方都提前置业了。

南山区是我调进深圳落脚的地方，当时粤海街道办分给我一套房。早前我的单位在深圳大学里，天天看着海边在填海修滨海大道。当滨海大道一修通，我就觉得这是一个贯通南山区和市区的价值通路，会把南山区的房价和市区的对接起来。

我还曾围绕此想法策划了一个主题活动——"走滨海大道，游南山半岛，寻美好家园"。那场活动之后，南山蛇口的房价提高了 10%，那时蛇口每平方米均价不到 5000 元，10% 也就是 500 元。

那时，大梅沙属于新区盐田区，虽然与南山区相比距中心区稍远，但因为地处海边，对我来说更有吸引力。加上我深度参与过大梅沙的很多项目规划，对其未来有不一样的见解，觉得它是深圳唯一可以和国外滨海城市相媲美的地方。

每当结束一天疲惫的工作，从市区来到大梅沙，从高处远远眺望海湾的灯光，便有一种身心舒畅、重新掌控自己生活的感觉,仿佛到了国外的滨海小镇。我买了自己参与策划的一套小公寓,套内价也是每平方米 5000 多元。

后来,深圳报业大厦在中心区渐渐有了伙伴,投资大厦人气渐旺,国际商会大厦也建了起来,烂尾了很多年的大中华再次动工,北区的江苏大厦盖了起来,还有安徽高速建的安联大厦。随后陆陆续续有了所谓的中心区十三姊妹楼,连凤凰卫视也在中心区选中一块地建大楼。当时建楼的大多不是经济实力特别强的单位,反倒是文化单位和外省市驻深单位居多,像大庆市早年也在深南大道两边要地建了大庆大厦。

报业大厦旁边有块地给了北京市,但是一直没开工,留有一个大坑在那里很多年,最后因为太影响深圳市容,只好分配给一家北京市属的开发商,建了个小区。

但中心区一直不好卖也不好租,直到后来被深圳人吐槽的"沉重的翅膀"——象征大鹏鸟的市民中心投入使用,深圳人才明白过来,城市中心真的挪过来了。这时也不是中心区的写字楼更好卖好租了,而是罗湖区的写字楼不好租了,连深圳第一高楼地王大厦也降了租金。但住宅市场暂时还没有变化,当时深圳的第一豪宅还是罗湖区的百仕达花园,一些隐形富豪还是住在罗湖区的怡景花园和银湖别墅。

直到后来,我提出了"中心西区"的概念,才引导大家看到"深南大道是个矢量",城市的价值中心会一路西移。

"深圳向西"这个趋势一旦开启,就一发而不可收。再来看看当年我置业的东西两个片区,如今,东边的盐田区二手房均价是每平方米 4.4 万元,西边南山区的二手房均价是每平方米 10.1 万元。

房价的起伏变化，大家早已司空见惯，伴随着各地区的发展，几乎在每个城市都上演过。但我看到的是，在这些持续不断的上涨中，有个明显的隆起，以及其规律性转移，这是大部分人可能没有关注到的一点。

每次回深圳，在盐田区身居管理层的朋友们都会邀我去看他们描绘的新蓝图和最新的建设成果。我每次看完都心潮澎湃，觉得没有理由不看好深圳东部。同样，在北京，我也看到每个片区都有很好的规划和很大的建设项目，每次看完一个地方，都会觉得这个地方才是未来发展潜力最大、最有价值的地方。但是冷静下来做长时间的对比后，在脑海里用矢量图把城市各个方向的变化画出来后，我才发现，这些变化是有区别的，也是有方向的，比如深圳向西、北京向东。

北京本来是环形规划，从二环到三环，逐步往外展开。后来有了亚运村，重心一下子变了，北边成了建设重点。后来在东边建设 CBD，加上西边限制性开发，城市发展开始有向东倾斜的意思了，只是还被西北部的中关村牵制。后来通州区被定为北京城市副中心，就有点加速向东跑的感觉了。

北京继续向东，一个很有意思的现象出现了，那就是我关心的平谷区。平谷人民一直盼望能修一条地铁直通北京城区，当平谷人民终于盼到了北京地铁 22 号线（北京地铁平谷线），却突然发现：22 号线一通，他们从北京的远郊区，变成了河北燕郊的远郊！这是因为，22 号线一头连着北京市区，一头连着平谷，中点位置恰好是河北燕郊。在不知不觉中，我和平谷那个男孩的距离拉近了，又拉远了。一系列板块级的变化将在所难免。

重大交通设施建设，会改变一个片区与城市中心的相对位置。产业集中使某类人群聚集，也会导致地理位置的重要性发生变化，特别是城市行政中心的迁移，会带来城市重心的改变……这些变化都足够大，一个变化往往会引发多个变化，甚至整个城市都会随之改变。伴随而来的是附着人群、经济生态和社会环境的改变，最后这些要素都会体现在房价上。

如果做个价值地图，你一定会发现，这里面存在区域的一致性，就像是一个个板块在形成整体的隆起、移动。我把这种能级足够大、影响足够深远、长时间发生且一旦发生就不可逆的变化，称为城市板块漂移。

城市板块漂移的 5 个特征

地壳运动不易觉察

城市板块漂移带来的变化是巨大的，它无时无刻不在发生，却又不易觉察。

虽然我当年预判深圳向西、北京向东，但是深圳的东部也是大项目不断、利好频传。再看北京，把长安街向西延长跨过永定河，串联起西部的石景山区、门头沟区，北京的西部看起来也是柳暗花明。人们误以为城市会像四面开花那样向外扩张，而不太相信城市会顺着一个特定的方向发展。当然，我也没有料到深圳西部的变化是如此巨大。

很多事，只有在回头看时，才能发现产生巨大影响的事件往往都是悄然发生的。各种力量、能量无时无刻不在角力、累积，像火山爆发前的默默酝酿。

多个板块都随之变化

以北京最西边的门头沟区为例,北京往东建副中心看似和门头沟区没有关系,但细想一下,如果你是门头沟人,去北京市政府办事,要怎么走?

要经过安静的中央政务区,穿过热闹的CBD,从朝阳区到通州区,最后过一座运河桥,才来到焕然一新的北京城市副中心。当然,你也可以走五环或六环绕大圈,就像过去从平谷、河北北三县进北京一样。

你的位置没变,但你离中心的相对位置变远了,实际就相当于你所在的地理板块漂远了。未来通州区和门头沟区在价值地图上的位置变化,就是这些人在一趟趟的出行和一声声的抱怨中堆积起来的。

板块级的运动不是说某个板块开始重点建设,其他板块不建设了,而是相对而言,这里建设得更好,未来发展空间更大,能吸引更高端的人才和资源进入。就像北京把市政府搬到通州区,东边得到了更多的发展;但西边的石景山区和门头沟区也在快速发展,自打通西长安街后,那边的房价也开始和城区对接。但是从长远来看,片区小趋势会依附于城市板块漂移的大趋势。这时,城市的各个板块,有的会近水楼台先得月,就像深圳把中心区向西移到福田区,紧挨着福田区的南山区就会跟着沾光,北京在通州区建设城市副中心,旁边的北三县也会跟着沾光。

当然,各个板块之间也会有相互拉锯的情形出现,比如北京向东发展城市副中心,但同期发展丽泽商务区,也想把一部分资源留在西边。总之,各方力量都参与了位置的重新排序,经过一段时间较量，产生累积效应后，就可以看出所有板块都跟着变化，远近各处都受到了影响。

房价的板块性隆起有规律可循

城市板块漂移会显性地反映在房价的变化中，而这种变化会呈现局部的一致性，并且具有一定的地理轮廓。

以通州区和门头沟区的房价变化为例，每个楼盘看起来都有差异，但当你记录下它们某个时间段的成交价，再与其他时间段去比较，就会看出板块级的差异：板块整体上呈现同一趋势，即同起同降。也许涨幅会有不同，但在一定幅度内是同频的。

这样的变化，还有更多的轨迹可循。

在深圳向西案例中，可以明显看出深圳城市板块移动对房价的影响，是中心对称式平移。

2006年5月21日，深圳市政府从罗湖区搬到福田区，之后所有片区房价进行了重新排序：原来房价以罗湖区为中心向周围城区递减的规律，变成以福田区为中心向两边递减。原来以罗湖区为中心，南山区和盐田区分列两旁，这两区的房价基本也是对称的（盐田区当时是沙头角）；以福田区为中心区后，变成南山区和罗湖区分列两旁，南山区的房价变成和罗湖区是对称的，而这时的盐田区变成和南山区再往西的宝安区对称了；现在发展南山区前海开发区，城市重心继续西移，形成以福田区、南山区为中心，罗湖区和宝安区对称的关系，盐田区继续远离，和宝安区西边的西乡、沙井对称了（见表10-1）。

表 10-1　2006—2021 年深圳房价中心西移表

	2006 年底，市政府搬到福田区中心区半年后（元/米²）	2016 年中心继续西移，形成福田区南山区中心后（元/米²）	2021 年 12 月中心继续西移，前海开发区崛起（元/米²）
盐田区	9489	44 605	52 292
罗湖区	10 006	64 330	58 729
福田区	13 811	83 293	91 656
南山区	12 119	82 185	98 114
宝安区	8431	47 550	62 921

方向一旦形成，就会形成一股不可遏制的力量

现在，深圳东部的楼盘建得再好，豪宅的价格可能都不及西部普通楼盘的价格，这是很多选择在东部开发和投资的人想不通的。从深圳房价的变化，已经可以看出一股不可遏制的力量。

回到 2012 年前，当时北京传出两个消息：一个是向东建城市副中心，另一个是向南建第二机场。两个方向都有利好，两个方向的房价都在上涨，但是随着通州区作为城市副中心的利好消息越来越多，市场认同了北京向东的趋势后，两个方向的涨势就发生了极大的变化：不再是比翼齐飞，而是一边升一边降。这时，看好南边的专家说，不要急，等大兴机场投入使用情况就改变了。结果机场通航后并无变化。专家又说可能还在等轨道交通、等机场开发区运营，但是这些都是小趋势，阻挡不了大趋势。

大趋势的形成机制，可能和城市资源的有限性有关，配置了一边，另一边就会相应减少。我们已经看到北京市政府向东移，教育资源、医疗资源、国有企业等都跟着过去了，相应地，其他方向的资源配置一定会相对减少。另外也和城市资源游动的趋利性有关，如游资、流动中的人、面临搬迁的公司，都在寻找最佳附着点。

特别是大趋势一旦形成，卷入其中的每个分子都在加速这个趋势。以北京为例，城市发展终于冲破一个个大饼环，开始一路向东后，先是开发商看清了这个趋势，在东边高价拿地；然后是置业者，蜂拥到东边置业，形成了很好的人气；接着是企业，开始布局商场；以及教育行业，开始进入办学。与这个方向相关联的每个社会单元都兴奋起来，不需要动员，也不可阻挡。

可用于预测房价变化趋势

城市板块漂移既然不可阻挡，那就是具有确定性，可以用来指导个人投资置业。

上面说的深圳房价向西"中心对称平移"是一个很典型也很好掌握的规律，对于发展轨迹类似的城市，可以直接用来预测房价变化趋势。针对每类城市的特点，都可以摸索出一些规律。比如南昌这类城市，板块漂移是需要跨江的，就要观察漂移何时可以形成"三跨越"，即居住人群的跨越、办公人群的跨越和投资人群的跨越。

每个跨越阶段带来的置业时机不同，投资收益率的差别会很大。有些城市是新区大发展，城市从单中心变双中心，要研究变化的临界点何时出现，这很重要。这两类板块漂移类型，我都见证过很多次，趋势一旦形成，带来的变化幅度更大。

再以北京为例，从 2005 年、2010 年、2018 年 3 个时间点的三环、四环、五环的房价可以看出，北京房价（包括写字楼）

等高线不再是个沿环线的圆,而是向东拉扯、偏移。随着 CBD 的发展渐渐成熟,城市重心明显向东偏移,房价于是也显现出东边高出西边——东三环高于西三环、东四环高于西四环、东五环高于西五环(排除学区房)的趋势。

如果大家当时意识到这一趋势,就会选择在东五环投资,而不会跑去西五环。可以说 CBD 带来的板块漂移效应相当于带动整个城市中心向东漂移了 3 千米。你踏上这个板块,就进入了财富上升通道。

2005 年,我们在北京 CBD 做地产开发时,因为知道中央电视台要从西三环迁至 CBD 的新址,所以我们就主要面向中央电视台的工作人员做项目推广,但效果不好,那时人们意识不到板块漂移效应。

现在我们看到北京正在发生的变化,还有哪些地方可以利用板块漂移理论做进一步的预测呢?

前文提到北京地铁 22 号线正在建设中,除了平谷区作为一个地产板块必将发生价值漂移,我们来看看还有没有其他板块会因此发生漂移呢?有,那就是河北燕郊。

根据城市板块漂移理论,很容易推导出燕郊未来的理论房价趋势:

$$燕郊 = (平谷 + 北京城区)/2$$

也可能是:

$$平谷 < 燕郊 < 北京城区$$

因为北京地铁 22 号线一开通，把北京城区和平谷区连在一起的同时，也一下子把燕郊拉到平谷区和北京城区的中心位置。修这条地铁线本身就是为了把北三县纳入副中心整体规划，所以燕郊未来的房价不一定真的是平谷区和北京城区的平均值，但大概率是会介于北京城区和平谷区之间。

形成板块漂移的 3 个必要条件

判断一个片区的发展是城市板块漂移，需要有 3 个必要条件：一是足够大的初始动能，二是城市的发展主轴形成，三是趋势可以持续 10 年以上。

关于初始动能，不同城市、不同时点，需要的启动能量都是不同的。因势利导比生拉硬扯需要的起始能量小。比如西安当年启动高新技术产业开发区，使老城往西南漂移，与今天发展西咸新区，把一个很大的城市再向西北方向拉扯相比，需要的能量完全不是一个量级。

城市的发展主轴是从模糊变清晰的。发展主轴一旦形成，各方向拉锯基本结束，胜负已分，谁都改变不了。这里的发展轴未必是写在城市规划上的，但一定是各方角力后形成的，符合规划意图，顺应城市发展规律。有些城市，东南西北都发展，用力分散，没有形成发展主轴，就很难形成这样的板块级别的漂移。

为什么说时间要足够长？有足够的时间来酝酿、加速、持续高速领跑，才能形成巨大的惯性能量，才能不被中间的政策变化、经济滑坡、产业转移等因素干扰变向。

也许我们还是很难分清哪些是板块漂移、哪些是普通变化，特别是在板块漂移的初始阶段。没关系。我们首先要有这个意识,要认识到在楼市变化中有这类不同能级的变化。我们往往不会忽略这个趋势,但很容易忽略其带来的变化力量之巨大!当年很多深圳人觉得南山区的房价已经涨了一轮,都要超过罗湖区了,不能再买,其实这只是加速的第一阶段。当我们看到这样的趋势显现之后,要坚定我们的逻辑自信,果断置业。即使你没在第一轮进入,后面仍有机会。

2012年,我喊破嗓子让大家买通州区的房子,但是应者寥寥无几。后来消息证实北京市政府搬迁至通州区后,仍然有入场机会。可是有些购房者觉得为时已晚,我只好发了篇文章——《大家哭一会儿再看》,吐槽当时不紧跟这个趋势和之前看不到这个趋势是犯了一样的错误。后来很多人看了这篇文章后,相信我的判断。有位读者当时正准备把通州区的一套房卖掉,去离单位近的大兴区买一套,问我行吗?我回答得很干脆:"绝对不行。"她说就是听了我的这句话,当时没有换房,每平方米多赚1万元,100平方米的房子就多卖了100万元。她问我时,通州区的房价是每平方米3万元,到年底她回信息给我时,大兴区的房价涨到每平方米4万元,而通州区那套房的房价涨到了每平方米5万元。希望当年看到那篇文章的读者,今天看到这个章节的时候可以回忆一下。

城市的整体漂移

前文我们讲了一个城市内的板块漂移,与此同时,一个更大的漂移现象——城市整体漂移也在不知不觉中发生。

整个中国的城市都在聚集与漂移，从地域来看，显现出几个趋势：东北地区弱化，沿海城市的 C 位（核心位置）让位于中心城市，城市群聚集，以及三大城市群整体隆起和核心城市极化。

当我们用地产价值的矢量图表示这些变化时，就会发现全国正在经历城市分化的过程，即板块沉降和隆起的过程，中国的城市化已进入第二阶段。

不同于城市化第一阶段，所有城市的发展并不是齐头并进。在城市化第二阶段，有的城市开始变大，有的城市开始萎缩；有的城市快速变大，有的城市则快速萎缩。

这个阶段性判断基于两个基本观察。

其一，经过 20 年快速发展，中国的城市空间已经被普遍拉大，至少是原来的 3 倍。如果各种规划的新区、卖出去的土地都建了房子，估计还能再装下 14 亿人口。城市地区户均拥有房产早已超过 1.2 套，不可能再继续这样的游戏。

其二，城市发展到一定阶段，差异化开始显现，吸附资源的能力差距在拉大。并且，政府逐渐调整城市发展战略，正在按客观规律发展高质量区域经济，这必将加速分化。

这样的城市分化自然形成了城市的整体漂移。

城市整体漂移易于发现和理解，比如西北地区有些城市自然条件不好，人口净流出，肯定是呈下沉趋势；而有些靠近一线城市的小城市必将被带动，跟着整体板块上升。

也有些整体漂移并不容易理解，比如北京市周边河北省的城市没有像上海市周边江苏省的城市，或深圳市周边广东省的其他城市那样发展起来。这是因为虽然同样靠近一线城市，但要看其和一线城市之间能否形成经济互补、产业成链、资源双向流动的态势。如果无法实现，就感受不到一线城市的辐射带动。

这些都是城市发展更深一层的规律，有些是阶段性的，有些是普遍性的。我们只有了解了其内在原理，知道城市整体漂移发生的内在动力模式，才能更深刻地理解城市漂移的方向和进程。

城市发展与动力模式

城市漂移是由城市发展不均衡、产业在城市间的转移及城市预期引导的资源吸附能力不同导致的，表现为企业、人口转移带动城市经济地位在经济、地理版图上的改变，地价和房价随之变化。城市及板块的定位和生长阶段不同步，也将引发城市漂移。

在探讨城市漂移的动力模式之前，先简要说一下城市的发展模式和阶段。

据我观察，城市的发展大概有 3 种模式，一是搭积木模式，二是生命成长模式，三是结晶模式。所谓搭积木模式，是城市的建设有蓝图可依，这里建广场，那里建办公楼，周边建小区，就把一个城市给拼好了。

不同于公司、大学等组织的发展主要靠人的推动，体现人的意志，城市一旦诞生，会有自己的生长逻辑和伸展脉络，甚至长到连最初的设计者都无法想象的模样。尽管有人为推动，但从更长的时间跨度来看，城市的发展更多依靠的是一股内生的力量，我称其为"生命成长模式"。

结晶模式是类似晶体的形成过程，城市开始是一个特殊的点，类似晶体的结晶核，然后会不断吸附周边的资源，让这些资源聚集在这个点上,最后发展为城市。点形出现得越早,点位越好,它的吸附能力越强,城市发展得越大越快。

这样的点往往出现在两种地理形态的交汇处,例如草原和农耕的交界处、山地和平原的交界处、江河海和陆地交界处。一开始是形成路口、水口、山口、渡口或港口这些结晶点,然后是人口和各种服务产业汇集,自然发展为城市。这些结晶点的形成,从经济学角度看,是为了追求效率。不管是在不同界面间做物质传递,还是后来的人口集聚后再分工,都带来效率的提升。从宗教或政治学角度来看,有利于神圣旨意的表达和传达,社会秩序和结构通过城市也更容易体现。从军事角度看,过去的城市当然都是防卫的地理要塞,现代城市少了这个概念,顶多是将水资源和通达性作为城市战略资源予以考虑。

这样的结晶点开始可能功能单一,后来都发展成综合性的城市。有的还在原来的结晶轴上发展,有的已经多轴向发展,已然看不出原来的模样。例如,华盛顿、堪培拉和巴西利亚,最开始建设这些城市是出于行政目的,现在它们依旧是行政文化中心;耶路撒冷、梵蒂冈是宗教中心;剑桥和牛津是文化中心,历经千年,它们的性质仍然不变。开始是贸易据点,后来变化较大的,如纽约、香港、广州和上海,现在都是国际化大都市。过去,因某种资源形成的城市比较多,如美国的匹兹堡,现在多走向没落。

另外,这些结晶核最初可能不是这么单纯,混有"杂质"。这个过程和物理学上的结晶实验非常相似。比如美国硅谷,那里本来是淘金者的天堂,后来才成了高科技创新圣地。

城市的结晶生长和外部的"饱和溶液"有很大关系,也就是整体社会环境。这个溶液中的某个成分饱和了,就容易析出成为晶体,在特殊的时间节点就变成了城市发展的机会。深圳在发展起步时,到处是不安于现状的奋斗者,只要给他们一个附着点,他们就会聚集。他们在这座城市发展,带来了各种资源,形成知识溢出效应,创造新文化,城市也随之继续发展壮大。

当今中国城市的发展,往往混合着上述几种发展模式。只不过在不同的阶段,其发挥的作用和程度不同而已。

从生命成长的角度来理解,城市也有生长发育的各个时期。

中国很多城市都过了长个子的青春发育期。也就是说,经历了过去几十年的快速发展,大多数城市不会再有大规模的扩张,你现在看到的城市,50年后差不多还是这个样子。就像我们看到的发达国家的某些城市,它们普遍没有中国城市的基础设施先进,因为它们基本上最晚建于20世纪70年代。

不长个子,不意味着成长的停止,从全国一盘棋来看,意味着全国城市发展态势分化的开始。这时候结晶体的现象就突出了,有的中心城市已经发展起来,会继续吸附周边的小结晶体,形成更大的结晶体块——超大城市。与此同时,有的小结晶体就会被溶解。一座城市没能跟上新经济发展的脚步,人才就会被挖走,资源就会被吸附,等于是变相萎缩。

分化也是必然的。就像家长们会发现,小学阶段孩子们成绩都相差不大,但到了初三、高中就开始出现成绩分化。产生这种现象的原因当然包括多重因素,但其中有几个是主要因素。

一是先天禀赋。学小学阶段的课程,孩子们基本上毫无压力,到了高中学难度更大的课程,有的孩子就会感到吃力。对城市来说,上半场是开始发展的阶段,卖地、修马路、盖房子,这些大家都会。但进入下半场之后，要拼的就是这座城市的资源禀赋了，包括它的自然环境、区位优势、产业基础，以及如何根据城市发展的客观规律发挥先天的能力，这些可不是仅靠勤奋刻苦就能换来的。

二是规划者的意图。对于学生来说，老师的态度很重要，可能被哪科老师喜欢，就能把哪一科学得更好。对于城市发展来说，决定其命运的一点就是，该城市有没有出现在国家战略规划的名单上，是不是国家中心城市，是不是示范区，是哪方面的试验区。

当然还要自己努力，找对方向。比如，一座城市有没有敢于像合肥一样为一些濒临倒闭的大企业做风险投资。现在明星企业对城市的发展贡献越来越大。

正是这些人为的和非人为的因素使中国城市开始出现大规模的分化。根据分化的速度和力度，我们就可以模拟出一个板块受力分析图，进而画出它的发展轨迹。

有了对城市发展模式的初步认识，我们就可以找到研究城市漂移的动力机制的入口，一探究竟。在过去几十年里，城市漂移依靠的是规划的力量，城市自身发展的力量，以及社会经济环境变化带来的机遇。

在研究城市内部板块漂移的动力机制的过程中，我发现了3个巨大的推手。

第一是政府。往往是政府搬迁带动各种资源跟着走，进而形成新城板块。第二是企业。不是房地产开发商，而是有少数明星公司进驻，带动上下游产业聚集。在北京的地产板块，你会发现有个强悍的"游牧民族"，他们到了哪里，哪里的房价就涨，他们就是互联网从业者，这批人其实也是跟着互联网的明星公司走。第三才是地产公司的集体发力，地产公司联合起来，往往也能炒热一个城市板块。有段时间，开发商都改名叫城市运营商，意图改变城市的格局。

而城市作为一整个板块，说到推动其漂移的力量，次序则要调换一下。

首先是经济力量，城市抓住大规模的经济和技术发展带来的机会是关键。例如，合肥由于抓住了这波新能源汽车、集成电路等新技术产业化的机会，实现了超常规发展。其次是对城市的规划定位，让城市集中资源或为城市提供资源去做一些事。最后是城市自然发展的力量。比如目前的产业转移就是推动城市漂移的巨大力量。随着产业移动，人员重新聚集，相关城市经济、人口很快就能看到此起彼落，形成城市间的力量传递。

比如深圳早期就是承接香港的"三来一补"劳动密集型加工业。后来有了高端制造业，这些"三来一补"企业就跑到了东莞，东莞就发展起来了。然后深圳又有了高科技产业和高端服务业，高端制造业又转移到了东莞。而东莞一方面承接深圳的高端制造业，另一方面又把简单加工制造业转移出去，自己实现了升级。而承接东莞制造业的，比如粤东北的梅州和更远的江西赣州，又得到了一轮发展。

就是这样的产业梯级转移，带动了这些城市的整体发展，最终形成了深圳这样的核心城市、东莞这样的新型工业城市和赣州这样的工业城市有梯度地隆起。所以，因经济社会变化，新的城市布局和能级形成，整个过程看起来就是城市整个板块的轮动漂移。

这里我们可以看到，是产业转移带动了人口转移，人口转移对地产板块的起伏沉降而言，又是实实在在的推手。

我没有把单纯的人口转移作为城市漂移的单独力量，就是因为它是从属于经济力量的。现阶段大多数人都是奔着能赚钱的地方去的。

规划意图体现在城市定位上（是普通城市、核心城市，还是国家中心城市）。定位不同形成城市规划等级的不同，最直接的影响就是交通规划不一样，交通会实质性地改变城市的经济地理位置，如从边缘到中心、从中心到更中心。

比如一个城市被定位为国家中心城市，它的机场就会被规划为国际枢纽，周围的其他机场是为国际枢纽分流的交通中心。所以当年广州成为国家中心城市后，广州机场的地位得到提升，深圳机场的扩建项目很可能要暂停，为此深圳争取了很长时间。

高铁交通网对一座城市的改变也很大。如果一个城市成为高铁网络的重要枢纽，原来处于边缘的城市也会一下子跃升为中心。合肥就是典型的例子，安徽省的铁路枢纽从蚌埠转移到合肥，就是因为合肥现在是"米"字形高铁网络的中心城市，在省内的首位度一下子提升了。

规划意图还体现在组群拉圈上——城市群和都市经济圈，这都是左右城市漂移的巨大拉力。近些年，合肥被拉入长三角城市群，加入中国第一城市阵营，城市的招商引资能力等各方面能级都提升了，城市地位也跟着提升了。

城市自然发展的力量在城市化的上半场表现最突出，但到了城市化的下半场，这方面的力量会显得微小，甚至是在相反方向显现它的威力。比如很多城市过度膨胀，到一定程度之后，这个自然力量的反作用力就会起作用，就会出现很多烂尾楼和烂尾新区。

在城市化的上半场，所有城市一起发展，相互间的位移不明显。但到了城市化的下半场，随着城市分化，我们会发现城市各自向着不同的方向漂移，间距在拉大。从整个中国城市版图来看，各个城市板块在聚集和漂散，就像冰川运动时的景象。

这些史诗级的城市大漂移，表面上看是城市繁华和萎缩、新的发展极形成和老旧城市地位的下降，但冰山之下是暗流涌动，这是各种作用力共同推动的结果。

随着大环境的变化、城市形态的变化，力量也会转换，有时推动力会变成阻力。如资源过度聚集会引发都市病，这时推动力也可能成为城市健康发展的阻力，北京就因此在人为地疏散一些产业。国内外经济环境在持续变化，在未来的城市化过程中，也会有一些新的变量加入。如加强经济内循环必然使以外贸为主的沿海城市的重要性减弱，把光环让给内陆中心城市，特别是"米"字形高铁网络中心城市，其板块高度会进一步隆起。

3个循环推动城市发展

城市漂移的最大力量就是城市化的力量。

城市化依靠房地产来汇聚这些力量，形成和释放城市发展的巨大推力。政府、企业和购房者，不管主动还是被动，都参与了这个推动过程，越推越顺，以至于形成了一个可以自我循环的闭环，如图10-2所示。

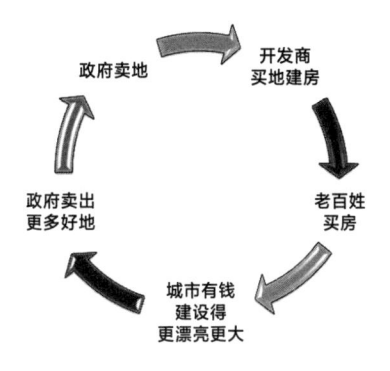

图 10-2 城市化的发展闭环

过去几十年的城市化发展之所以这么快速、高效，都源于这个闭环。它让地方政府有政绩，让开发商有钱赚，让老百姓住进新房子，这个循环是如此诱人，以至于走到了一个天量级。从地方政府投入基建的资金量、地方政府背负着的巨量城投债务，就可以看出它们过去投入这个循环的热情。同时被拉进来的还有金融机构。

这直接导致了"N 倍体城市"的出现。就像植物的分蘖，一个单核城市分蘖出好几个新城区。新城的体量一下就是原来的两倍以上，几次下来，城市就扩大到原来的 N 倍，也出现了多个中心。每个新区生成的 DNA 不同，城区功能不同，整个城市变成了多倍体生物。

过去几十年，县、地级市的惯常做法是通过搬市政府制造一个新城的结晶核，来确保分蘖成功。省会城市的分蘖模式是：搬市政府造一个新城，再搬省政府造一个新城，接着有条件的再建一个高科技园区、高校区，于是就出现了第三个、第四个新城。

新城区各方面规格高,预期宣传好,带动作用明显,建成速度越来越快。

过去这些年,中国城市都经过了这个 N 倍体的分蘖生长。几乎所有的地级市都是 3 倍体城市,加上老城,体量至少是原来的 3 倍;省会城市都是 4 倍体城市,是原来体量的 4 倍以上;中心城市拥有多个国家战略落地新区,差不多是 5 倍体城市了。以西部中心城市西安为例,在老城西南首先发展了一个西安高新区新城,后来又发展了一个曲江新城,市政府搬到了北边的未央,又带动了一个新城级别的城区发展起来,当然还有体现国家战略、够发展 100 年的巨大新城——西咸新区。这就是典型的 5 倍体城市了,听说省政府要搬迁,还有一次 6 倍体的分蘖机会。

在这种类似"蚂蚁搬家"的造城运动中,还有种"蚯蚓拱地"的模式,引领大城市向各个方向延展,也拱成了一个闭环。通过开通地铁,地铁修到哪里,就把城市延伸到哪里,随之房价上涨、地价升高,用地价补贴地铁建设,这样的循环居然也跑通了,这就是地铁新城模式。

地铁本来是巨大的基础设施投入,是不赚钱的公共福利设施,很多城市是没钱、没动力建的。但现在情况不同了,因为地铁修到哪里,哪里的房价就能被带起来,就可以卖出高价地,政府可以实现投入和产出的平衡。这样,就相当于没额外投钱而多得了一个新城。这笔账一旦能算过来,也就形成了一个开发模式闭环,可以滚动发展。于是我们看到各大城市在拼命延长地铁线,地铁终端的新城一个接一个地冒出来,城市的边界被延展得非常远。

在美国,这套诞生在新城市主义背景下的交通引导开发的做法，被称为公共交通导向型发展（TOD），与此对应的是服务导向型发展（SOD）。在中国，我觉得这样的新城都有两个功能引导，基本是二者的结合，所以我称其为STOD。

其实还有第三个闭环，就是人口引入。

过去我们把城市人口当作负担，引入一个人，相应地要增加教育和卫生方面的投入，甚至水电这些基础建设负担也有所加重。过去跨城调动很难，大家都不愿意接收新人口。现在不同了，引入一个人就是引入他一家三代人的购买力。他来了要买房、消费，等于把他们过去的积蓄和未来的消费都放在这里。这里也走通了一个暂时的闭环，即只要能把人引进来，就可以卖地、卖房，继续做大城市。

之所以说是暂时的闭环，是因为这样起码可以延续当前的土地财政，至于掏空6个钱包后怎么办，有没有因新移民进来使城市蛋糕变大、提升城市活力、增强城市竞争力，还是只是把负担往后推延，这是各地政府随之要面对的问题。如果"拉人头"变成城市发展的最后一招，那就很可怕了。这些年很多城市都开始了抢人大战，各有各的招式，看得人眼花缭乱。

在这3个循环的推动下，城市化疆域的拓展就像装上了3个轮子，跑得飞快，短短30年便超越了过去300年的发展。

以上这些推动城市发展的力量，开始主要是用来推动沿海城市和一线城市发展，后来也被应用到了内陆城市，所以我们看到内陆城市也有类似的一轮发展过程。

首先是大开发商跑过去，把房子要涨价的预期和焦虑一起带了过去。他们熟练地把预期和焦虑，一头分发给地方政府，另一头分发给老百姓。然后几个轮子随之一起转动，城市建设日新月异，老百姓住上了新房，城市有了新区，大家都忙着一起数钱——不过有的是收钱，有的是交钱。每个城市都复制、粘贴了一遍这样的故事。之后就是，开发商走了，留下一个崭新的大规模城市，也留下了他们拎走购房者钱包的背影。开发商甚至到内陆的每个县城如法炮制。

从一个个具体的城市来看，这个过程就如蚯蚓松地般从一块地拱到另一块地。放在中国版图上整体来看，就可以看出从沿海一线到内陆城市呈现整体的轮动。而几十个内陆省会城市的一起发力，就导致了从沿海板块向内陆板块漂移隆起的板块移动效应。

内陆的中心城市，包括省会城市，成为这个逻辑复制的成功者，一批新一线城市同时诞生了，它们是这轮城市化发展的大赢家。但是这里有着巨大的隐患，这个循环一旦跑通，就没有人愿意停下来，直到无力维持这个循环，大家不得不收拾残局。

这样的一轮循环完成后，就为"楼市轮动"做好了观念上的动员准备。体现在房价地图上，就是一个轮次的上涨：一线城市带动二线城市，二线城市带动三、四线城市。

导致楼市轮动的原因，除了上述宏观因素，还有一点就是投资者的流动。

我们知道过去在中国房价是一个城市一个价，我记得2000年我在深圳工作的时候，到北京、杭州这些地方去看房，房价都很低。北京作为首都，为什么房价只相当于深圳房价的2/3？杭州这么漂亮的城市，为什么房价不及深圳房价的一半？不应该呀！最后我明白了，因为房子是不动产，不动产是没办法跨城市做资源配置的，只能根据一个城市人口的收入和消费水平来确定价值。

这就解释了为什么中国的房价可以这么高。因为除了不动产不能流动之外,资金也不能自由流动,资金和房产不能被有效地配置,就无法填平这里面的价格沟壑,也就导致了当时的一城一价、房价比较高的情况。

后来情况发生了变化。比如我们经常听到"全国价格洼地",说明房价已经在全国范围内被比较、配置了。这是因为在中国出现了一个新群体——炒房客。像金属里面的自由电子一样,他们的资金可以在城市间自由流动,追逐利润,全国的不动产之间因此就产生了某种程度的自由配置,洼地就被他们填平了。

炒房客的主动聚集可以炒高某一城市的房价,后来大部分城市实施限购就是针对这一群体,限制他们的流动,遏制这样的楼市传导效应,不使其他城市的房价暴涨影响本地,对调控本地市场起到很明显的效果。

现在楼市下行,炒房客也消失了,各个城市又回到了各自的行情中。但一个效应一旦发生过,就在大家心中埋下了根,形成了思维惯性,不可能轻易消除。所以在当前的救市行动中,还是可以利用这样的城市轮动效应,通过放任一线城市的发展,带动二线城市。但这样的轮动效应能量是有限的,估计很难再逐级传递带动三、四线城市。

总之,城市的轮动效应一旦成为大家的预期,它本身就会成为城市漂移的推动或补偿力量。

城市化的边界

新城可以无限地造下去吗?这个循环的边界是什么?

我们知道了这个循环的动力模式,就能知道这个闭环发生的边界条件,从而求解出由这个循环带来的城市边界。

以地铁新城为例,只要修地铁带来的土地收入能够覆盖修地铁的成本,城市就会继续修,城市边界就继续扩张。但是,当修地铁带来的房地产溢价小于修地铁的投入时,蚯蚓就不会继续往前拱了。

因为土地溢价是由房产溢价传导过来的,为简化推理,我们把两个溢价等同来考虑。交通投入必然带来房产溢价,下面的问题是:怎样比较溢价部分和投入部分的大小,以及确认房子的溢价。确定后,城市的边界问题就有解了。

之前关于城市化的边界没人做过演算,但有两个似乎约定俗成的判断标准,那就是根据出行时间和通勤距离来判断。但出行时间没人能说得准,专家们给出的数字差别巨大,甚至能差出一倍。就通勤距离给出的数据差别就更大了,因为这个数字要和城市关联,和房价及房租关联。比如,北京市内通勤通常需要 90 分钟,所以住远郊的通勤时间多几十分钟也就变得可以忍受。但是这么长的通勤时间放在省会城市,就是无法忍受的。再比如工作在北京而住在河北燕郊,虽然通勤时间多几十分钟,但是燕郊的房价和房租相较北京城区都便宜很多,大家也可以接受。

因此,我们在求解城市边界的时候,要在房地产的变量上寻找解题思路:如果一个城市郊区的房子卖不出去,就说明城市扩张在这里遇阻,形成了一个事实边界。然后,我们再来分析这个事实边界是如何形成的,就会知道边界在哪里。房子卖不出去,说明这里的房子靠距离换价格,已经没有比较优势了。

为了让这个问题有解,我们可以设计一个数理模型,首先引入两个概念:环线价和本地价。假如城市是一环一环地向外扩张,房价一环一环地递减,形成了二环价、三环价、四环价……如果有轨道交通向外辐射,也是一样的道理,就是每向外多走一站,房价也相应地下降一个台阶。我们就把以城市中心作为参照系形成的这个随距离递减的房价叫环线价。其实在没有快速交通系统把远郊和城区连通之前,郊区的房价和城区房价没有这样关联的对应关系,它更多的是和本地的经济、人口及市场供需有关,我们说这里存在一个房地产的本地价,也就是没有沾上大城市的光,没有关联的房产溢价。像现在北京怀柔区和延庆区的某些地方,房价就是本地价。而且,本地价一般都低于环线价。环线价和本地价的价格差,造就了远郊房地产升值的潜力空间。

那么,我们假设一种情形,就是沿着环线往外房价越降越低,当某地的环线价和本地价相当的时候,它还有升值空间吗?

答案是没有,也就是说溢价遇到了天花板,城区价格对本地区房价不再有带动上升的可能。水往低处流,即使修了轨道交通这个引水渠,城市的购买力也无法流向这里。这时,STOD 模式就无法继续了。驱动它的那个闭环不成立了,城市漂移的动力模式不存在了,于是这里就形成了一个理论的城市边界。

如果 a 是一个郊区房产的本地价,即没有受到大城市辐射影响的本地市场房价;b_n 是环线价,即房价随着一环、二环、三环依次递减到 n 环时推导出来的价格;x 是代表城市扩张动机的变量,永远是正数;$f(x)$ 是因变量,是在这些扩张动机下积聚的、克服边界迁移能的扩张动力。

于是就有了这样的概念公式：

$$f(x) = (b_n - a)x$$

当 $a<b_n$ 时，$f(x)>0$，城市还会在这个方向扩张；当 $a=b_n$ 时，$f(x)=0$，我们就判断城市发展到了边界。

举例来说，假如北京的房价是按照二环、三环……六环这样递减，分别是每平方米 10 万元、8 万元、6 万元……到六环是 2 万元。以六环边上某个位置为例，如果它的本地价格低于每平方米 2 万元，那么就存在差价空间，北京的城市化就可以在这个方向继续延伸；如果本地房价已达到每平方米 2 万元，那么我们就说城市的发展在这个方向到了边界。

上述推导过程似乎是思想实验，放到现实中有逻辑漏洞：同一个地方怎么会有本地价和环线价两个价格，会形成这样不可思议的价格差吗？答案是确实会，并且这个理论模拟在真实世界的确存在。

例如北京周边的河北香河县大爱城那一带，楼盘周边虽是一片农田，距离所在的河北省廊坊市市区 60 千米，但房价比廊坊市区都高。这很奇怪，大爱城和廊坊市区的配套设施水平没法比，离北京比离廊坊还更远一些。这就是因为大爱城卖的是北京环线价，是以北京房价为基数，向外一环环递减推导出的价格，而廊坊卖的是本地价，它是河北省的一个地级市，以地级市的发展格局和收入水平等形成的价格，起码不能超过省会城市石家庄吧？所以这里存在明显的两个价格。

那么，廊坊比大爱城离北京更近，为什么大爱城能卖北京环线价，而廊坊只能卖本地价呢？因为大爱城的主要消费群体来自北京，他们在那里买房做养老和度假投资，而廊坊的房子还是以本地人购买为主，所以价格要与廊坊人的收入挂钩，和廊坊本地市场的供需挂钩，按照本地价销售。

这里我们也可以看到，所谓的"城市边界"其实就是消费群体转换的边界。边界内还是大城市外溢的消费者，边界外就是本地的消费者，这里出现了明显的分界线。其实这个边界也是上面所说的大城市的人所能承受的通勤距离或时长的极限。当大城市的人不愿意再继续向周边移居时，这个城市的边界就形成了。

所以"城市边界"是房价的边界、人群的边界，也是通勤极限的边界。这里不过是用了3个参考体系，事实上，3个表述是等价的。但有了第一个参考系，城市边界就变得清晰有解了。

城市漂移：
城市化下半场

过去数十年，中国城市发展日新月异。我们身处繁华，却从未静下心来问自己：我跑赢这个速度了吗？我所在的这座城市哪些人跑赢了？哪些行业的人普遍跑赢了？

我们还可以进一步问问自己：未来10年，如果再给我一次机会，我会跳上哪个板块，跟着一起漂移？

4个变量，找准踏点

我们在选择城市时，首先要宏观地看到城市漂移的事实，其次找到上升最快的城市，设法与它绑定。特别是对选择就业城市的人来说，选对了，就能享受到这个城市的发展机会和地产红利。就像20年前有人选择去深圳而不是留在长沙，5年前有人选择在安徽省会合肥就业，而不是留在地级市阜阳，如今的境遇可能有很大的差别。

按照此思路往后看10年，我们可以通过分析未来推动城市漂移的变量，再一次把握变化的节奏，提前找准踏点。

明星企业的聚集，其影响是以20年计

明星企业是穿透城市壁垒的力量，可以把优秀人才带到这个城市去，带到某个具体的板块去，形成跳跃式发展或飞地效应。典型案例包括阿里巴巴带给杭州的变化，合肥战略投资成功的一批科技企业对当地经济的提升作用，以及华为之于东莞的松山湖的影响。明星企业可以带动周边房价脱离同级别区域，形成一个明显的板块隆起。

之所以能出现这么明显的带动效应，是因为一个城市的房价不是由城市居民的平均收入决定的，而通常是由这里的超高收入者决定的。明星企业的进驻对房价的拉升非常明显。可以从反面佐证这一点的是郑州，虽然郑州的GDP和人口流入量在全国城市中的排名都靠前，但因为本地大多是传统行业，没有突出的明星企业聚集，更没有超高收入的群体，缺少带动力量，房价历次冲高都乏力。

高铁的拉扯，其影响是以50年计

中国有全世界最大的高铁网，截至2024年底，总运营里程超过4.8万千米，高铁网的连通带来的变化一定会反映在各个城市上，一些城市可能因此成为最大的受益者。

高铁的带动之所以叫"拉扯"，是因为高铁这张网已经把很多城市都网进去了，但有的城市被拉到中心节点，有的反而被边缘化。比如安徽的蚌埠，原来这座城市处在京沪线的重要节点上，从合肥坐火车去外地都得绕道蚌埠。但3条高铁一通，合肥变成了"米"字形高铁网的中心，蚌埠则被相对边缘化了。目前，因为高铁网还没有织完，所以各城市的相对地位还在变化，这是我们要关注的。

从房地产的角度来说，高铁的影响效应不是单向的，并非一个城市通了高铁，交通便利了，房价就会上涨，有时会适得其反。比如某个小城市坐高铁半小时就能到达一个大城市，那么这个小城市的消费和买房的优质客户也会被带到大城市。像马鞍山的购买力就被带到了南京，铜川、渭南的购买力都被带到了西安。只有一线城市周边、高铁一站就可到达的小城，才会单纯地接受大城市的购买力外溢。

城市群的群效应，其影响是以百年计

虽然人类社会进入了信息智能时代，但有的国家可能还会长时间处在工业化时代。从世界各国城市的发展史中可以发现，工业城市通过分工细化和产业链集群获得规模效应，这就会导致城市群化继续加速。而城市群的聚集效应又会增强工业企业和服务业的竞争优势，推动城市群的正循环发展。

中国自"十一五"规划开始就提出城市群战略，2018年11月18日出台的《中共中央 国务院关于建立更加有效的区域协调发展新机制的意见》，首次在国家层面把城市群提上议事日程。接着，2019年2月发布的《国家发展改革委关于培育发展现代化都市圈的指导意见》，又把以大城市为核心的都市圈作为城市群建设的突破口，要求以同城化为方向建设1小时通勤圈，标志着城市群的培育迈出了实实在在的第一步。

至此，以培育都市圈壮大中心城市作为第一步，以中心城市引领城市群发展作为第二步,再以城市群带动区域发展作为第三步的新思路正式形成。有了这个指导思想,我们不再像过去那样一味限制超大城市发展,而是通过提高其承载人口的能力,同时加大交通等基础设施的连通建设,充分发挥它的带动和引领作用,这样组圈成群的场面更大。预计未来中国一半以上的人口会进群入圈。

摆脱户籍束缚后的人口流动,其影响跨度是一代人

很长一段时间,我们的人口流动都受户籍束缚,户籍放开后,人口又因地理、经济、环境等因素形成一定的流向,这种百万、千万级的人口流动,无论流到哪里,都会导致两头城市房价的此消彼长。比如全省人集中到省会城市,也包括从一线城市回流向二线城市,这些都是我们要密切关注的动向。

我国在 2018 年提出推动 1 亿非户籍人口在城市落户,当时是为了启动内循环,扩大消费,等于挖潜城市化存量。而在此之前,很多城市就已经开始打人口的主意,启动抢人大战,等于是人为地改变人口流向,通过行政力量引导人口流动。

各地人口政策一下子变成了目前城市发展的巨大变量。不同城市的人口政策必然导致各个城市拥有不同的发展能级,影响全国的城市格局。过去几十年城市化发展主要靠城市自己,未来将主要取决于城市之间的竞争。因为增量被用完了,必然导致存量上此消彼长。

另外,少数城市还有最后一次被翻牌的机会,那就是看能否获批成为国家中心城市。城市级别的提升可以切实带来交通规划的提升和来自国家的投入。

所以，看看要去的城市有没有这 4 个变量的推动，哪怕只有其中一个，情况也将变得不同。

9 个漂移趋势

有了上述 4 个变量的推动，中国城市漂移未来将会呈现 9 个基本特征：

- 全国精英流向三大城市群，3 个高原日益隆起；
- 省内奔省会，省会成为全省高地；
- 县城向上挤，省会向下吸，地级市沦为平庸之地；
- 南北方差距扩大，出现一道鸿沟，鸿沟不停南移；
- 沿海城市光环让位于内陆中心城市；
- 重启名企兴市，老英雄城落幕，资源型城市再火一把；
- 爆雷城市接连出现，无人问津的城市加速增多；
- "米"字形高铁枢纽中心城市，点状突起；
- 地方保护主义抬头，没腹地的城市下沉。

总体来说，最基本的特征是进入城市化下半场，分化开始加剧，从整体隆起到有浮有沉，位移加剧。未来可能有 3 个"1/3"：一是全国 1/3 人口在三大城市群；二是全省 1/3 人口在省会；三是农村 1/3 的人口在县城。

要解释一下，未来行政区域等级的重新划分会是板块漂移的重要力量，包括地级市会不会取消以及是否实行省直管县和市的问题。不管行政意义上的城市级别会不会消失,从房价来看,地级市一定高于县城这个规律肯定不复存在。因为县城的城市功能和地级市已区别不大,并且作为农民进城的第一站反倒有些确定性的优势。地级市未来大概就是两种结果:一种是发展好,上升成为某类特色城市;另一种是发展不好,可能就等同于一般县城。

城市板块的漂移一定会反映在楼市的升降起伏中。

回到地产价值角度,剔除经济的基本面和供求关系等因素的影响,仅从城市漂移的角度推测房价的升降形态,大概可以看到:

三大城市群的核心城市将继续吸附全国资源,房价会留在高位,特别是核心板块;省会城市显著高过省内其他城市,某个城市被定位为国家中心城市时,房价会跳高一下,但之后有的站住了,有的会因跳得太高而摔倒不起;高铁可能会拉高一个城市的房价,也可能扯低一个城市的房价,要看这个城市是在高铁网的核心位置还是边缘位置;三、四线城市在被一、二线城市带动之后渐渐回归平静,如果不是处在核心城市的都市圈,大概率会继续沉降;资源枯竭的城市的房价出现塌方,塌方的范围已经扩大到东北、西北一些边远城市,还有靠棚改货币化安置一时撑起来的城市。单点城市中心价值稳固,但周边也将不断塌方⋯⋯

选城市"四看四不看"

在这样的城市漂移中,选择购房城市时需要具备一定的信息储备和判断的智慧。

我们不仅要看城市规划、城市经济、城市人口、城市区位的变化、交通基础设施投入、城市地产发展阶段、城市地产市场发展阶段等，还要看其他复杂的因素，这些因素中有些可知，有些无法确定。我把它们转换成可感、可知、可度量、可操作的指标，即"四看四不看"。

看财政收入，不看 GDP 总量

这一点和看公司一样，要看利润情况，如果一家公司只有销售额，没有利润，则它的发展是不可持续的。另外，财政收入最好看税收，非税收入的水分很大。有些城市为了完成设定的指标，会拿临时拍卖矿产资源和某些特许资源的未来经营权等来凑数。

看明星企业数量，不看当地企业的体量

打开城市企业榜单，看看税收前十名。如果其中没有明星企业，都是电力、市政、地产等类型的公司，那么这座城市就没有活力，对外也没有竞争力，是没有前途的。一个城市要有"小镇打铁匠"，即能在外面抢饭吃的企业，反之，吃老本是吃不了多久的。另外，普通企业再多也无法催生出高收入群体来带动房地产市场发展。

天津和重庆的 GDP 一直很高，但是税收前十名的企业和杭州、深圳的一比，就可以看出经济活力之悬殊，由此我们也就知道这两类城市的买房主力群体的实力多么不同，他们可支撑的房价也是不同的。

看有效人口，不看人口总数

有些专家依据人口总量的增减来判断城市供需，其实是得不出正确结论的，至少对一线城市来说是没有多大参考意义的。总人口中有购买能力的只是一部分，新来人口的数量并不代表真实需求量。这个需求可能更多是在存量人口里，而且存量里某一个因素变化带来的需求量增加，甚至可能远远超过新增人口带来的需求量。假设深圳放松限购，有房者再买第二套、第三套房产生的需求量远远超过每年新增人口带来的购房量。所以，地产界有一个外界不理解的营销规则，就是向有房子的人推销房子，而不是向没房子的人推销。

看 4 类人的动向，不看统计数据

面对地产问题，我们往往有解题思路，但没有解题条件。这是因为我们的已知条件还不够，依靠现有的统计数据还解不了这个多元方程。但我们可以通过把数学问题变成经验问题来寻找正确答案。我们可以向以下 4 类人寻求答案。

第一个是开发商，看他们去哪座城市买地开发。因为每个项目都要投入真金白银，所以开发商不可能不下功夫研究。而且，他们可动用的研究资源远超普通人，也多于研究机构。所以我们可以相信开发商的判断，从每年的卖地排名中可以看出开发商集体看好哪些城市。

从过去卖地最高峰的 5 年（2017—2021 年）的数据来看，全国城市卖地收入的第一梯队是杭州、上海和北京，破万亿元；第二梯队是广州、南京、武汉、成都、天津、苏州和重庆，超过 5000 亿元；第三梯队是佛山、郑州、宁波、深圳、西安、济南、青岛、福州等城市，超过 3000 亿元。

当然还要考虑各城市的具体情况。比如，深圳因为土地推出量较少，故落到了第三梯队；杭州因为亚运会建设，推地力度较大，故跑进了第一梯队。

2022年，在房地产出现行情反转的情况下，这样的队列基本没变。

第二个是富豪，看他们都去哪儿了，也就是看哪个城市的豪宅销量大。富豪的存在本身是一座城市经济发展的结果，他们选择在哪里买房，代表他们看好哪座城市。

第三个是重点大学优秀毕业生，看他们毕业都去哪里了。像北大、清华、上海交大等这些高校的毕业生，他们不仅自己优秀，家长也多是精英，所以他们的选择多是结合了两代人的智慧，考虑了众多因素，眼光长远。因此，参考他们的选择，会大有裨益。

第四个是本地炒房客。刚需买房是常量，变化量来自炒房客。一座城市有没有经过长期的地产投资实践培养出一批炒房客，对城市房价的影响很大。比如，我在判断深圳和珠海的房价走势时，就看到深圳有一批坚信深圳房价只涨不跌的炒房客，而珠海只有曾受挫的炒房客。这两个群体的存在区别很大，导致深圳人敢于追高，而珠海的房价涨一点儿就有人跑。

关于炒房客在房地产市场的作用，要强调的是，每个城市的地产行业发展会因为炒房客的存在而走出一个独立行情，独立于经济发展的基本面，并且会有不同波段的表现。比如，温州后来经济恢复了，但地产行业并没有恢复，是因为当年炒房客套牢太深，房地产并没有走出与经济恢复一致的行情。同样，像西安等城市，在经历市场的大起大落洗礼之前，处在地产狂欢的兴奋期前期，既没有坚定的炒房客，也没有被套牢的受伤者，所以房价的变化表现为小步雀跃式的，和深圳、温州都不同。

城市炒房客多是市场变化的突出力量,所以不得不看。

到 7 类城市去

通过对未来城市漂移的研判,我们建议大家去下面 7 类城市。

去创新城市

过去,判断一个城市的发展前途,主要看这个城市的地理位置、气候环境等;未来,创新经济则是引领一个城市发展的决定性要素。

比如庐山,原来因夏天凉快而被称为夏都,成为热门旅游景点,但空调普及后就没落了。后来发展经济靠码头、港口,所以沿江城市、沿海城市先后发展起来。未来随着物流网络日渐发达,成本降低,这些城市的位置优势不再那么明显。城市将依靠另外一些动力发展,比如美国硅谷的发展依靠的就是创新科技。信息也可以构成新的港口,一座城市的大学城、科技城就是它的新港口。

创新企业可以改变城市的相对地理位置,并表现出"头部效应",汇聚最优秀的人才、最好的技术设备、最多的资本,形成一个高地,收割一个行业的庄稼。如果一座城市有一群创新企业,整体出现这样的态势,那么这座城市就是创新城市,可以带动整个城市板块隆起。从美国等发达国家房价上涨的情况可以看出,像洛杉矶核心区、硅谷的房价涨幅,不仅跑赢了 GDP,更是比纽约还高。

这里需要提醒的是,一座城市的高校多,并不代表这座城市就能发展为创新城市,因为大多数创新是在企业里进行的。和深圳相比，西安、哈尔滨、武汉坐拥更多的高校和科研机构，但这些城市的创新水平远不如深圳。高校多对优秀毕业生留在当地工作有推动作用，但没有优秀企业对人才的吸引力大。只要深圳有华为，就会有源源不断的人才到深圳来。

不过，高校对于创新城市的塑造也并非毫无作用。从2021年中国互联网企业100强名单中可以看到，一些成功的企业家很有可能会选择在自己大学所在的城市创业。比如百度、美团、京东、滴滴，其创始人都是在北京上大学，在北京创业；上海的企业家中，除了拼多多的黄峥是在杭州读的大学，其他大多是在上海上的大学；深圳的企业家马化腾也是在深圳读的大学。

城市的创新氛围是如何形成的？除了靠政策鼓励和头部企业带动，主要还是看这座城市是否有创新文化。创新文化是人人都能感受到的自由和干劲儿。在创新者找到方向前，可以有自由地试和闯的空间；有了方向后就拼命干，而且周边都是一群干事的人在助力。

影响城市创新氛围的可能还包括公募和私募基金的数量、风投资本的数量、成功企业的数量、年轻人和外来移民的数量等，而不只是简单地看创新政策。

反过来，我们也可以问：企业家为何选在这座城市创业，而不在另一座城市创业？比如雷军创办小米为何不选在武汉，也不在先前成功过的珠海，而是选在北京。张一鸣也不是在母校南开大学的所在地天津创业，而是选择了北京。互联网企业先是大多选择在北京和深圳扎根，后来是杭州、上海，说明这几座城市有创新企业所需要的优质资源。

在产业创新方面，一、二线城市头部效应明显，北京、上海、深圳占据绝对高地，杭州、广州、苏州、南京、成都等城市居前。从反映龙头企业的 A+H 股上市公司数量来看，北京占全国的比重达 10.7%，京、沪、深合计占比高达 27.5%，一、二线城市合计占 69.9%。这些企业未来可期，汇聚了技术、资本、人才和市场，也占据了未来的发展机会。

去国家中心城市

到国家中心城市去是去占据地利。截至 2023 年，全国有 9 个中心城市。培育 9 个中心城市，就是要靠这些中心城市带动区域发展，即在 4 个直辖市的基础上把郑州、南京、武汉、成都和西安培育成国家中心城市。国家除了顺应 3 大城市群的发展，还要发展其他地方，全国都不能滑坡，所以还会在全国范围内揳进去几颗钉子。

过去，我们发展经济主要靠出口，所以沿海开放城市得天独厚，先行一步；现在，我们大力发展内需，我们拥有 14 亿人口的广阔市场，内陆因此有了更多机会，内陆和沿海城市的位置优势发生了此消彼长的转变。

这就是人为干预城市发展布局，不仅让沿海城市、一线城市得到了发展，还让新一线的中心城市也得到了大发展。通过中心城市带动中西部更广大地区城市的发展，进而带动全局，全国才能相对均衡地发展。

这样的中心城市必然会得到国家政策的全面支持，规划等级更高，在交通建设方面投入更大。同时因为有了更广阔的腹地，城市经济也会更有竞争力。比如，西安是陕西省省会，2018 年 2 月成为中心城市后，对西部 5 省区就有了辐射作用，房地产客户随之增加，陕西省外的人也会选择到中心城市买房，所以西安的房价上涨明显。国家统计局公布的2018年12月70个大中城市住宅销售价格统计数据显示，西安新房价格同比2017年上涨22.4%，涨幅排名第一。

去有腹地的省会城市

打造强省会既是各省的主动战略，也是城市化下半场的应对策略。

在城市化的下半场，各城市从原来的各自发展变成现在的存量争夺。省份间的竞争实质上就是城市间的竞争，各省都必须培养自己的种子选手，省会纷纷变成了首选。所以各省汇聚力量打造强省会是必然的选择。

我们可以看到，像山东济南、辽宁沈阳还有安徽合肥都迅速崛起了，这些城市原来被青岛、大连这些省内城市或南京这样的省外城市盖过风头，但现在情况已被扭转。可以想见的是，未来省会城市的首位度会逐步提高，而且越是西部城市，省会的首位度越高。

现行户籍政策是：一线城市或松或紧地限制人口；省会城市基本放开落户，人口都可进入；地级市和县城就更不用说了。那么，未来通过人口推动发展的城市可能就是省会城市，它们将是此轮人口抢夺战中占据最有利位置的城市。

2020年第七次全国人口普查的数据佐证了我的判断，省会城市人口几乎都有所增长，即使在人口总量下降的东北，省会城市的聚集度也在上升。银川常住人口近300万，约占宁夏回族自治区常住人口的42%；甘肃全省常住人口与2010年相比，减少 55 万人，但兰州的常住人口增长了 70 万人，达到 400 多万人，占全省常住人口近 20%。

需要提醒的是，未来随着转向内循环为主，各省以发展地方经济为要，势必要划分自己的"势力范围"，这样有着全省腹地的省会城市会比那些单点城市更有竞争力。

从房产价值来说，省会城市是全省的政治和文化中心，汇聚了全省最好的教育资源以及最好的医疗资源等公共福利，加上各省的强省会战略，省会城市未来也一定是全省购房者首选的居住城市，房子的价值相对来说会升高。当有一天，拥有一套省会城市的房子成为省内中等收入家庭的标配时，省会城市房地产发展的高峰就会到来。

去"米"字形高铁枢纽城市

交通等基础设施的大投入，特别是高铁建设，改变了经济地理版图，使得中国城市的位置关系发生了变化，城市格局也发生了改变。

原来聚光灯一直打在沿海城市，这些城市虽然不处于中心位置，但因为有港口，在出口经济时代成了经济中心、人流和物流的中心。

现在随着高铁四通八达，全国城市连成一张网，原先不起眼的地理中心城市的区位优势开始凸显出来。比如有"九省通衢"之称的武汉和位于中原的郑州，这些年就站到了舞台的中心，其区位优势超越了原来的沿海城市。不同省份的两座城市，由于通了高铁，现在人和货当天就能到达，城市之间的距离被拉近了，行政界线被打破了。原来城市的发达程度以和东部沿海城市的距离为参照系，距离越远越不发达。现在西部的城市因高铁网络也迎来了发展良机，比如西安，"米"字形高铁枢纽城市的地位使它一下成了西北五省区的中心。

"米"字形高铁枢纽城市是八方来客的汇聚点。我们目前铺排的是"四纵四横"网络，有9个交点城市可能发展成为这样的"米"字形高铁枢纽城市，而沿海城市的高铁延伸方向受限，不可能成为"米"字形高铁枢纽城市。《中长期铁路网规划》（2016—2030年）提出规划建设"八纵八横"高铁网络，那就会出现更多的高铁中心城市。

目前已成为或即将成为"米"字形高铁枢纽的城市有6座：郑州、武汉、合肥、西安、重庆和长沙。北京虽然是全国的心脏，但是由于地处北方，北面的那一竖伸不出去，所以并不是"米"字形高铁枢纽城市。济南、太原、成都、南宁、贵阳、南京、南昌、杭州、广州、天津和徐州等城市也在力争成为"米"字形高铁枢纽城市。

和"米"字形高铁枢纽城市分享新机会的还有西部陆海新通道上的城市。自重庆经贵阳、南宁至北部湾出海口（北部湾港、洋浦港），自重庆经怀化、柳州至北部湾出海口，以及自成都经泸州（宜宾）、百色至北部湾出海口3条通路，共同成为西部陆海新通道的主通道。这样，除了沿线城市普遍受惠外，最主要受惠的是北部湾沿岸的城市，以及南宁、贵阳、洋浦、柳州、百色等。

"十四五"末期，预计我国铁路运营的总里程将达到16.5万千米，覆盖99.5%的人口20万以上的城市，其中高铁运营里程大约5万千米，覆盖98%的人口50万以上的城市。

未来这么多的人口要通过铁路出行,所以要重新认识铁路枢纽城市的位置优势。

去三大城市群

几座中小城市围绕大的国家中心城市,向中心靠拢,形成一个人口密度大、产业融合、城市边界不清的巨大区域,我们叫它"城市群"。

三大城市群是指长三角城市群、珠三角城市群和京津冀城市群。目前这三大城市群已成规模,而且未来还会继续发展,它们仍然是中国城市发展最可持续的地方。未来10年,还有1亿人口要转移进入这三大城市群。

三大城市群的发展各不相同。长三角城市群主打一体化发展,打破诸侯经济;珠三角城市群主打共同建设大湾区,那里存在2种制度、3种货币,需要寻求优势互补,实现共同发展;京津冀城市群主打协同发展,城市间落差不要大。这就如同一个聊天群,有的群只有群主发红包,有的群是群成员都发红包,有的群是利用群的影响力赚钱来给大家发红包。

在三大城市群之外,我们还想培育更多的城市群。比如这些年,第四大城市群成渝城市群,以及长江中游、海峡西岸、山东半岛、中原、关中等城市群纷纷被提起。国家现在明确了共计19个城市群。

城市群的形成需要诸多条件。

一方面,若跨省、跨市的连通障碍难以去除,则很难发展出城市群。比如很早就规划的长株潭城市群,长沙、湘潭、株洲3个城市均位于湖南省,但连接长沙和湘潭的城市群主干道潇湘大道位于长沙市区的那一小段断头路,多年后才修通。为什么拖着不修?业内有一种说法是,因为长沙的地价高过湘潭,一旦连通,长沙的地价就会受到影响。湘潭当然希望长沙优先发展南部,这样湘潭就能从中受益,但长沙觉得东部、西部和北部也需要发展。由于3座城市同质化严重,竞争大于合作,虽然挨得很近,但很难捏合成群。

另一方面,城市群形成的前提是,中心城市必须具有强大的能力,可以把资源分配给周边城市,同时周边城市也要能够接住资源,几座城市实现同步发展。比如京津冀城市群的中心城市北京虽然很强大,但转移出去的多是货物批发之类的行业,无法带动周边城市发展。因为北京的优势产业不是制造业,而是金融产业和互联网产业,这两个产业不具备转移的条件,所以京津冀城市群的房地产行业,也只剩下环京这一个概念。

到城市群去,要打破原有的地域概念。城市群的发展逐渐从硬件相通走向软件对接。在城市群内部实现医疗、教育和社保等制度的对接,才能实现社会资源的优化配置和公共服务的均等化。

去南方城市

北方城市未来主要盯存量,而南方城市会在增量上继续做文章。

对年轻人来说,这意味着南方有更多就业机会和发展潜力,不失为一个工作、生活和创业的好选择,当然也包括养老。随着50后、60后新一代老人出现,他们的养老观念和经济实力都明显进步,所以不再执着于"落叶归根",更多人选择了候鸟式养老。这也催生出海南、云南、广东等地的众多养老城市、养老地产。这些慢慢会形成潮流，类似于美国 20 世纪 70 年代的迁往"阳光地带"的趋势。

去有资源的城市

进入城市化的下半场，城市间的竞争会愈发白热化。"手有余粮，心中不慌。"一个城市靠着码头和港口的红利可以维持几百年，靠其得天独厚的资源也可以发展上百年。这里的资源泛指某种特色经济，即已经发展为支柱产业的经济模式，具有这类资源的城市在未来的竞争中也会有一席之地。

至于在城市内部，我们在前文讲过，投资置业要按照城市板块漂移的方向；要到有科技创新的地方，而不是码头港口、火车站、机场附近；要到已形成的核心区，要到有最高摩天大楼的地方，而不是刚规划好的地方。

城市投资的两个误区

我们在选择要投资的城市时，通常会走进两个误区：一个是误以为中国城市化还有 20 年，到处都是投资的机会；另一个是喜欢到城市的洼地去抄底。

第一个误区是因为我们对城市化概念的认知不够清晰，一般我们只是笼统地说我国现在城市化率接近 60%，按照每年提高 1% 左右计算，想达到发达国家的水平，即 80%，还需要 20 年。实际上，城市化率并不是一个单一的数据，从不同意义来看，可以分化成 3 个具体的指标：工作的城市化率、户籍的城市化率和定居的城市化率。工作的城市化率目前已经很高；户籍的城市化率，可以依靠政策迅速改变，比如"推动1亿农村人口进城"，一下就将城市化率提高了近10%。鉴于以上两点原因，我们在分析城市化率水平的时候，主要看定居的城市化率，我们会发现城市化的剩余空间并没有20%那么大。

关于第二个误区需要注意的是，一定不要通过简单做类比，就做出购房的决定。比如把重庆和别的直辖市比，觉得它作为直辖市，房价无论如何不应该比其他省会城市低。其实，把重庆理解为一个省，更有助于判断它的房价走势。另外，在市区，房价和土地供应的节奏、购买人群的构成有很大关系，如果不进行彻底的研究就去抄底，就是在冒险。

每次坐飞机，我都会在空中观察这几大城市群，发现城市群之间真是差别巨大。长三角和珠三角的民营经济发达，城市有活力，城市的边界模糊，各个城市已经连成一片。反观北京，出了南五环就是农村农田。

所以，我们可以看到中国城市正在进行第二阶段的漂移，不同城市的情况是具体的、不同的，我们不能简单地归并同类项。

推动漂移的力量堪比地壳的板块运动，绝不像一艘船靠舵手就可以控制方向。这一力量有源自底层的文明进程的力量，有经济、科技的发展形成的趋势推动，有过去多年积聚的惯性，有发展的欲望形成的牵引，还有对旧账的弥补。我们虽然身处其中，但可能对这些强大的力量毫无感知，所以只有跳出来才看得到。

这里要提醒一下，本书描述的现象、背后的原因和底层逻辑，在国外可能并不适用，千万不要把你在中国的投资经验用于海外置业。

房产税：
困难与巨变

> 征收房产税必然对房地产市场造成巨大影响。这并不是因为它增加了房产的持有成本，大家不再热衷于购买多套住房，而是在征收房产税的前置动作中有一个隐藏的"核装置"，会导致此前房价疯涨的逻辑被推翻。
>
> 房产税终有一日会推出，而且社会和个人必然要承受其带来的各种复杂影响。

房产税必收

要想判断会不会征收房产税，首先要看为什么要征收房产税，其次看有没有替代方案，最后再思考不收行不行。如果没有替代方案，那征收房产税就是势在必行，只是目前尚未启动，仍在寻找合适的时间窗口。

征收房产税的目的既包含经济调控、社会公平，也涉及财政体系改革。增加地方财政收入是其目的之一，因为土地财政是不可持续的，靠收取土地出让金增加的财政收入会越来越有限。将房产税作为地方财政收入中的一项长期稳定的收入来源，就成为一个选项。地方政府靠土地出让确实每年能获得可观收入，在最高峰的 2021 年，全国国有土地使用权出让收入达 8.7 万亿元。但这项收入是一次性的，未来的日子怎么办？庞大的政府开支靠什么支撑？因此必须启动房产税，作为一种持有税，不管房子还有没有人买，这项收入每年都有。

征收房产税也是国际惯例，很多国家把房产税作为地方政府维持运转的基本税源。其实从 1986 年，我国就依据《中华人民共和国房产税暂行条例》开始征收房产税。只不过这个条例免征个人住房类房产税，用来经营的商业地产等物业是要交房产税的。

因此，从严格意义上来说，房产税不是新税种，当前讨论的实际上是一次税种的改革和规范升级。一方面，根据依法治国的要求，必须规范相关条例，并将其上升到立法层面；另一方面，随着税收理念的变化，需要健全直接税体系，有关房地产的税收名目很多，要厘清哪些是不合理的。更关键的是，随着住宅存量增加，是否要将它们纳入征税的范围是大家最关心的问题。

既然地方政府未来需要房产税收入，征收房产税又是国际惯例，为什么不迅速推进？

我们都知道，推进房产税的征收异常困难。一个税种从无到有开始征收一直以来都是一个难题。征收房产税触及上亿人的利益，涉及的是大的资产。时机的把握也是一个难点，不能在经济发展敏感时期或者房价需要稳定时推出房产税，因此可选的窗口期很少。

而且，房产税也不是说收就收的，还有很多准备工作要做。

比如，征收前要先摸底：全国到底有多少房子？平均每个人名下有几套房子？都是什么房子？像北京的房子有好多种产权形式，如集资房、福利房、央产房、军产房、小产权房，这些都要搞清楚，全国还要能联网查询，建立起不动产登记体系。其次还要考虑如何确定税率，既要避免税负过重，征收额又不能太少。最后也是最难的是，怎么把房产税收上来，包括确定房产的价格评估标准，建立房产税收缴系统。

以上这些都是房产税迟迟无法落地的原因，但并不是不推行房产税的原因，更不是一些专家反对征收房产税时说的原因。这些专家基本走入了两个误区。

第一个误区是说征收房产税没有法理基础，我们的房子目前只有70年使用权，没有所有权，而房产税是建立在永久产权基础上的。为什么说这是个误区？首先，房产使用权是70年，已明确到期可延期，可能未来会一直延下去；其次，虽不叫所有权，但和完整的所有权差别不大，买卖转让、抵押、继承等都没问题。因此，把中国房产限定在只有使用权并不准确。而且，所有权并不是征收房产税的前提。比如香港特别行政区的土地基本上也是特区政府租出的，照样有保有税——差饷和地租。

第二个误区是说征收难度太大，开征会导致严重后果。之所以说这也是一个误区，是因为并非一定要把税率定高到民怨沸腾的程度。房产税确定的原则是"立法先行、充分授权、分步推进"，就是要避免不测事件集中发生。

因此，征收房产税要具体看难点在哪里，是不是不可逾越。

为什么迟迟不推

征收房产税有几项具体的前置程序,首先是全国人大立法,其次是不动产登记联网,然后是房产的价值评估,同时要公布地方征收细则,最后才是实际扣缴。

大家普遍认为其中最难的是不动产登记,如何确定税率次之,最后还有一个问题:如果纳税人不缴,该怎么办?

2018年6月,自然资源部宣布:全国统一的不动产登记信息管理基础平台已实现全国联网,我国不动产登记体系进入到全面运行阶段。虽然这并不等同于不动产登记工作已经完成,但起码有眉目了。接下来的工作将是确定税率,以及多少面积以下的房屋免征等问题。

很多专家认为这些问题最容易惹出麻烦,但认真研究后你会发现其实没那么严重。推进房产税立法和实施的12字原则是"立法先行、充分授权、分步推进",其中"充分授权"其实是把权力下放给地方政府,即每个城市可以根据自己的实际情况决定怎么收。和之前某些领域的改革一样,先在可控范围内做压力测试,出现问题就及时调整,直到找到好的解决方案,再在全国推广。所以,房产税不会全国一刀切,也不会统一收,而是会分步推进,在因城施策中稳妥推进。

那么,如何确定统一税率这一问题也就不存在了,因为就没有这样一个全国统一的税率。换句话说,只要看到关于全国性的房产税实施细则和具体税率的言论,都可以直接判定为虚假信息。

关于房产税收缴的难题,首先,在以线上支付为主的时代,每个人的征信系统都很健全。其次，和当初收物业费一样，房主起初会有抵触情绪，但如果从较低的税率开始，让大家有一个慢慢接受的过程，收税这件事情就能水到渠成了。至于物业价值评估谁说了算，可参照1999年6月1日起实施的《中华人民共和国国家标准房地产估价规范》，实际操作各城市二手房交易市场中每天都在进行。

这么看来，这些难题并非无法解决。当然每个环节都有挑战，否则不会在重庆和上海两地做了14年的试点工作。

征收房产税的目的是摆脱土地财政依赖，建立可持续的税收来源。如果因为实施难度放弃，那就要在其他方面取得突破，比如对经济进行结构性调整、产业升级、科技创新，而这些未必比推进征收房产税容易。

理解这些，就会理解房产税征收是早晚的事，只是在等待一个合适的机会窗口。这是一项涉及千家万户切身利益的改革，必须慎之又慎。

引发连锁反应

征收房产税肯定会带来一次财富再分配的机会，影响着千千万万房产所有者的实际利益。哪些房子要赶快出手？哪些房子不能买？假设未来经济运行中没有其他突变因素，那么房产税可能就是需要考虑的最大变量。

开始征收房产税对房价和房地产市场的影响到底有多大，有人主张看税率，认为如果像传闻所说的"首套不交，二套1%以下"，那么几乎没有影响；有人以试点城市举例，认为征收房产税并没有影响房价的上涨；还有人直接拿国外的数据对比，结论也是影响不大。

对此，我关注的重点是，在这样的变化过程中，会不会出现某个突破临界值的市场因素，引发意想不到的连锁反应，毕竟楼市问题已经到了一个脆弱的敏感期。果然，我发现这里隐藏着一个"核装置"，可能引爆巨大的变化。

我们都知道核辐射的威力很大，原因并不是它的能量大，换算成热量当量，它可能连一杯水都加热不了，但核辐射却可以让人七窍流血、不治而亡。原因就是它在分子生物学的层面起作用，导致人体内正常的生化反应无法进行。

那么征收房产税的过程，是否也会引发这样的变化，在个体层面发生作用，比如极大地破坏买房者的买房热情，从而导致一直运行的买房逻辑链被切断？征收房产税到底会对房价和房地产市场造成什么样的影响？

先来做一个思想实验，问问你自己：如果需要缴纳房产税，买房时你会考虑这个因素吗？你一旦停下来考虑，就意味着已经受到了影响。接下来看看这个影响是如何传导、放大到整个房地产市场的。

假如你要买一套价格为300万元左右的房产，如果没有房产税，房价每年涨10%，扣除利息，每年你能赚10多万元。但如果每月要缴2000多元的房产税，你会欣然接受吗？尽管跟升值的部分来比，房产税是笔小钱，但根据损失厌恶原理，人们会因此产生不愉快的体验，会对是否购买这套房产持犹豫、观望的态度。一旦开始观望，下一步就会算账，一算账就会把原来买房时从不考虑的因素纳入，比如租金起码要能抵掉房产税。至此，就说明购房者在转变原有的买房逻辑了。

前文提到过,运行了几十年的买房逻辑一直是不看租金看升值。房产税一征收,人们转而开始考虑租金,购房的标准就发生了变化,空置的、租不出去或租金低的房子就是不好的房子,不好的房子就会被嫌弃,直至被抛售,进而形成一股抛售潮。一部分没时间打理房产的持有者,原来可以把房子空置在那里,但需要缴纳房产税后就必须过问了。这部分房子有多少?先看空置的。2018年原中央财经领导小组办公室副主任杨伟民表示曾通过用电量数据推算,全国的住宅空置率超过13%。这个比例如何理解呢?正常情况下,二手房年交易额占存量房总额的2%左右,这个数值相当于10年的交易量。以北京为例,如果有900万套存量房,那么空置13%就是110多万套,而二手房年交易量只有十几万套。

这110多万套房就是洪水猛兽,因为只要放出其中的10%(11万套),对市场来说就是一个巨大的额外增量。平常全年的放盘量在60万套左右,对于这样一个平静的大市场,15%~20%的变量就会产生具有拐点意义的影响。因此,一旦引发空置房抛售,市场形势就会跟着发生较大变化。

当然,抛售空置房还不是房产税引发的最重要的改变,最重要的改变发生在征收房产税的一个前置动作中,即不动产登记联网。不动产登记才是一个引爆房价的"核装置"!

为什么这么说?我国房地产市场过去几十年的运行是基于一整套以信息短缺导致恐慌心理为驱动力的定价、售卖体系,它的前提是人们对不动产存量和增量的信息了解不足,容易产生恐慌情绪,一旦恐慌就拼命去抢房,导致房价越来越高。

如果我们能全面掌握所在城市的房地产登记信息,这样的情况还会发生吗?不会。当市场供需一目了然,购房者不会轻信传言,也不会再轻易恐慌。过去那个因恐慌造就的风火轮就停了下来,整个市场运行逻辑都将改变。

以北京为例,北京是一个公认的房子稀缺的城市。但假如将北京的不动产登记搞清楚了,房产总量就是传说中的900万套,按每套住2.5个人计算,就够2250万人居住。到2030年,北京规划的人口数量是2300万,还差50万人的住房,就是总量还差20万套,再加上每年需要改善的住房有5万~8万套,那么10年内共有70万~100万套的缺口。这是需求,供应呢?现在每年可建10万~15万套,这样差不多再过6年多时间就可以基本满足需求。当然还会有其他需求增量,但也有替代供应量,比如北三县、环京也能参与供应。总之,如果你知道这些信息,你还会那么恐慌吗?还会急着买房吗?大家都不着急进场,市场温度能热起来吗?房价热气球能升起来吗?这一系列变化带来的市场改变将是过去难以想象的。

这就是信息透明的力量。

当然这个变化不再是单靠房产税带来的信息透明才能形成,房地产行业经过这么多年的发展,已经建了足够多的房子,这作为一个常识渐渐被看见、被接受。以往卖房的只管渲染房源稀缺,买房的只是被动地接受供不应求的观念,但当官方数据突然摆在面前,显示城市平均每户已经有1.2套住房时,你才发现在我国大部分地方,原来天天喊着再不买还要涨的房子居然有这么多,存在结构性缺房问题的也只是少数城市。

我们来看一些三、四线城市,也能得出和上述一样的结论。

这些城市体量小，不必依靠不动产登记就能看清楚。只要站在城市的高楼上放眼望去，就可以清楚地看到，这座城市原本只有一片老城区，后来市政府搬迁了，形成一片面积大了很多的新区；现在几大开发商进驻，又联合开发了新的住宅板块，面积比新区还大。这样，平均每家能有两套住房，这座城市又很少有外来人口，那么房子卖给谁？因此，像这类一目了然的城市，即使是星河湾这样的明星开发商过来，建成和北京一样的豪宅，也很难卖掉。

可以说，房产税对房地产市场的影响不在于税收本身，而在于让购房者的态度和行为发生变化，比如投资积极性降低、进场观望情绪浓厚，过去呼朋唤友去看房的全民炒房氛围不再有了，购房者开始回归理性、冷静，开发商不会开盘了，中介也不知道如何唱多市场了，过去所有被认为正常的"生化反应"都无法正常运行了，这就是类似"核辐射"的效果。

为何不动产登记已经联网，"核辐射"却并没有发生呢？

首先，不动产联网和不动产登记并不是一回事。我们尚不知道各地登记有没有完成，更重要的是信息没有公开。即使公开了，把公共信息变成公共认知，这还需要一次转化。只有当大家都知道"大家都知道"这些信息后，我们所说的转变才会发生。所以我们需要的是通过某些重大的事件来把这样的信息大声且确凿地传递给大家。

那么，什么是重大的事件呢？在不动产登记信息公开之前，可能是人口普查的结果显示人口减少了，房子未来没人买；可能是烂尾楼遍地；还可能是土地流拍，没人碰地产了。当然，最直接有力的做法就是宣布不动产登记结果出来了。

以上对房产税开征后果的预判，不是从计量经济学计算出来的答案，而是用行为心理学推演出的结果，更关注收税行为在个体层面引发的一系列应激反应。我们看到，这些反应至少会推动人们形成两点共识：一是大家怕缴税，不囤房了；二是大家不恐慌，不抢房了。这一系列反应会带来能量不大但后果严重的变化，直接改变房地产市场的供需比和价格逻辑。

再看试点城市

大家可能还有疑问，试点城市重庆和上海为何没有发生这样的变化呢？

我们先来看它们是如何收房产税的，然后再分析原因。

上海主要是对本市居民家庭新购的本地第二套及以上住房和非本市居民家庭在本市新购的住房征收房产税，还要扣掉人均 60 平方米，大量的存量房不需要缴纳房产税，而且税率仅为 0.4%～0.6%。上海房地产市场在过去十几年基本处于上行通道，房价每年以 10%～20% 的速度增长，确实可以抵销新购房者为此付出的成本。而且因为对大量的存量房不征收房产税，只对新房征收，所以上海征收房产税的效果和一次性的交易环节收税没区别，基本上消解了房产税的普遍性征收造成的影响。

再来看重庆。重庆对存量房征收房产税，但仅有存量的独栋住宅、新购的独栋住宅和高端住房才需要缴税，收的房产税实际上相当于奢侈税，所以也是基本把房产税的普遍性意义给消解了。我们反过来看，重庆现在高端住房的房价偏低，也说明了这部分影响的存在。

另外,我们也看到一个情况,实际上这两座城市在征收房产税的前3个月,房屋成交量都大幅下滑,分别下降了46%和26%,同比价格降幅为10%~20%。征收房产税的第二年,大家看到影响面比较小,影响的比例也比较小,市场很快又恢复了。所以说房产税这个因素起作用了,但又因上述的局限性没有最终起到对房价的调节作用。

有专家说,外国的经验似乎也不支持我提出的房产税核辐射效应,例如美国和日本都征收房产税,房价不也曾经一飞冲天,房产税并不能管住房价。更有专家细心地发现,这些国家在征收房产税之初,房价也没有下降。

这里面有两个基本事实:其一,世界上大部分城市没有炒房客,房价也没有暴涨,同时世界上大部分城市是征收房产税的;其二,我国没有房产税,大部分城市的房价经历一轮又一轮的暴涨,炒房者众多。

我们看到美国、日本等发达国家都是在经济起飞、城市化大发展的起步阶段开征房产税,所以当时房价每年涨幅保持在10%上下,同时间段我国的房价涨幅远高于这个数字。那么,10%的涨幅本身是不是可以说明征收房产税已经起到抑制房价的作用?

另外,在美国和日本遭遇金融资本助推不动产出现巨大泡沫时,房产税的作用确实没有显现出来。我的理解是,在房价坐火箭时,房产税的辐射作用可以忽略。

所以,在不同的市场状态下去推行房产税,影响不一。在房地产市场上升状态时推,可能影响小;在一个下降通道里推房产税,就可能导致房价断崖式下跌。

应对策略

理论上讲，当不动产登记的结果公开后，各地市场将出现不同的情况：有的城市缺房，房价会进一步上涨，但是大部分城市房子严重过剩，按照我预测的，个体观望情绪会发展到一整座城市处于观望氛围中。最后，这样的观望氛围可能从一座城市传导到另一座城市，进而影响整个中国房地产市场的氛围。

不过，即便房产税来了，我们也可以合理应对。

第一，提前整合自己的房产，抢占先机。提前判断哪些城市的房价是炒上去的，哪些城市存在真实需求，提前在高点套现，不要等房价开始下滑后再和大家一起跑。还有某几类不动产产品，比如远郊大盘、旅游地产等，也要提前预判，不要等烫手时还留在手里。

第二，破除房价永远涨的思维。不要再随便炒房，要关注有购买力支撑的一线城市和中心热点城市，要意识到这是一个核辐射级的变化，和过去的经验划清界限。这些可从小事做起，直接从"多军"的群中退出。

第三，更换买房逻辑。用使用价值思维替代原来的升值思维。过去在恐慌性定价的氛围下，投资逻辑是以买来卖去的差价为着眼点，现在要让位于以租金回报为着眼点。不能带来租金收入的、没人住的房子，就不要买了。应该选择购买流动性好、出租率高的房子，这样即使房价不上涨，也可以从租金中获得一定回报。特别是要慎重选择附近没有轨道交通的、买了不能住的郊区大盘：自己住，太远；租，又租不出去。没人住，物业管理就收不上钱，收不上物业费就更没人管，最后就会沦为荒盘。再好听的概念都不要听，只看确定性。

我写作本书历时 5 年，中间经历了一些市场变化，有的是预料之中的，有的是预料之外的。预料之外的就是有些因素比房产税更早发挥出类似核辐射的效果，比如第七次全国人口普查，比如大量烂尾楼的提前出现。第七次人口普查于 2021 年公布结果，很多城市人口下降，并且 2022 年首次出现了人口负增长（上一次是 61 年前）。人口变化虽然不像不动产登记那样对地产市场直接产生影响，但它也从另一个方向破坏了原有逻辑链条，那就是大家会认为城市人口减少、新出生的人口减少、未来需要住房的人少了，房子将不再稀缺，人们对持有房产的态度变了。所以和不动产登记有类似的效果，过去的恐慌式逻辑在某种程度也被打破了。接下来我们看到，人口净流出的城市呈现房价和成交量双双下降，甚至加速下降的趋势。除一线、新一线等人口净流入的城市外，大部分城市的房子不好卖，楼市笼罩着一层阴云。其实人口数量下降造成的购买力减少量并不大，影响目前还没体现出来，但它能在个体层面改变人们对预期的看法，购房者的心态将发生变化，也就是在楼市的分子层面起了作用，也类似于一次核辐射。另外还有烂尾楼的问题提前到来，也有某种程度的核辐射效果，在下一章，我们将详述这一问题。

13

烂尾楼

房地产已成为一个身躯庞大、每年吞吐 20 万亿元的巨兽。能够打败它的可能不是体积比它更大的怪兽，而是一个小小的事件，比如烂尾楼盘。

烂尾楼具有传染性。从烂尾楼，到烂尾城，似乎遵循着某种必然的发展逻辑。烂尾楼，对个人购房者而言，其实是可以通过审慎选择有机会避开的。但对房地产行业而言，似乎逃不出这个宿命，不到此境地不会罢手——这似乎是房地产行业最后必走的一步。

烂尾楼效应

20 多年前在深圳，我有个固定的小爱好，喜欢去工地看塔吊有没有转，是真转还是空转，以此判断这栋楼有没有停工，会不会烂尾，这样的经历是后来进入房地产行业的人不曾有过的。

在"2021 年地产十大预测"中，我再次提出防范烂尾楼，作为对购房者"最后的忠告"。结果一语成谶，2021 年年中恒大地产爆雷，数以百计的未竣工房地产项目烂尾，数十万户已售房未交付，项目分布在 200 多个城市。

一家企业爆雷，本可限定在一定范围内设法解决，但为何烂尾楼会出现极强的传染性？因为它激发了大家的恐慌情绪，这种情绪是会传染的。

地方政府为了避免此类问题，加强了对开发商的资金监管。本来开发商的操作就是 3 个盖子盖 5 个碗，现在各地都要求当地项目资金安全，售楼款不准动，结果就是那 3 个盖子动不了，有 2 个碗盖不严实了，因此烂尾楼的范围迅速扩大。这样一来，地方政府进一步加大监管力度，房地产企业资金愈发紧张，爆雷继续增加。结果就是更多的碗都没了盖子，楼市瞬间从捆不住的怪兽变成了要抢救的对象。

抢救的措施通常是促销房子、继续卖地，但这种方式并没有切中购房者的顾虑，且向市场输出的是没有信心的信号，导致市场表现进一步下滑，原来想趁机抄底的其他开发商也望而却步了。

最终烂尾楼成了一个棘手的问题，最后只剩下地方政府来兜底。

烂尾楼的效应在不断扩大。除了导致银行抵押资产贬值或形成坏账外，还给地方城投债带来很大风险。更出现了各种病急乱投医的现象，比如有些专家认为要停止期房销售来避免烂尾楼问题。这种做法会进一步加大开发商的资金成本、运营成本和时间成本，终结那个我们虽不喜欢但已没办法软着陆的快速滚动开发模式。

烂尾楼问题还会继续侵蚀社会生活的方方面面，比如大家的信心，毕竟买房几乎是人生最大的一笔投资。

烂尾楼一开始只牵涉一个开发商，继而到一城一地；一开始出现在三、四线城市，随后向二线城市蔓延。地产项目烂尾必然危及土地财政，导致城市发展项目跟着烂尾，如已上马的地铁等大投入的市政建设，还有新城、新区的建设节奏都会被打乱。如果烂尾楼问题得不到缓解，很有可能进一步导致新城、新区建设的烂尾。

四招避免买烂尾楼

看五证是否齐全

所谓"五证"，指《国有土地使用证》《建设用地规划许可证》《建设工程规划许可证》《建设工程施工许可证》《商品房预售许可证》。五证是证明房屋身份合法的有效证件，也是楼盘开发商具有合法销售资格的证明。如果开发商在五证不全的情况下开盘销售，说明情况紧急，资金亮灯，往往会因为资金回笼迟一步而楼盘烂尾。因此，购房者在买房前一定要看开发商的五证是否齐全，拒绝五证不全的项目。

看开发商

首先看开发商的行为，是在打折促销，还是继续拿地，这些都会反映其资金链的真实情况。对前者我们要当心，对后者基本可以放心。其次是要当心擅于和地方政府打交道的开发商，因为市场形势变了，原来的优势瞬间就可能成为包袱。再次是提防合伙项目，特别是股权对半的，这样的项目在遭遇市场变化的时候，往往会因双方对后市判断不一致，错失良机，导致项目烂尾。

最后是不要迷信国企开发商不会烂尾。之前大家觉得国企可靠，是因为国企不会有资金链断裂的情况。但后来情况变了，市场下滑变成主要问题，国企、民企面对的是同一张"考卷"，所以房子如果卖得不好，一样会拖工期，甚至最终烂尾。

看懂好项目，挑卖得好的

在正常市场情况下，出现烂尾楼的情况多半是因为卖得不好。卖得不好的楼盘，多半不是因为地段问题，而是因为设计不合理、过度创新等。大家对地段问题已有共识，一个房子所处的地段不好，地价和房价都便宜，可以卖给资金预算有限的客户。但如果客户不买创新设计的账就麻烦了，因为开发商投入了成本，不愿降价，买卖双方就会僵持，为烂尾的出现酝酿了机会。少数的地是通过高价拍卖得来的，开发商期望高价卖房，市场不好会导致工期拖延，越拖利息越高，最终也会拖出烂尾。总之，卖得好的楼盘，开发商有钱进账，地方政府监管有效，就不会烂尾。

不要捡漏

经常有朋友突然碰到特别便宜的项目，以为是捡到了宝，一问发现这类项目都存在手续或产权等问题。这样的项目一定要当心。价格低得不正常，说明开发商极有可能正在遭遇债务危机或其他避不开的问题，需要急于出手、回笼资金，对此我们要格外慎重。

有的开发商说虽然当下项目有问题，但未来总有办法解决。这种说法不可轻信。如果问题解决后再开盘，房子是可以卖出高价的，现在迫不及待就要卖，只能说明开发商根本没有把握解决问题。现在无法解决的问题，等到未来相关负责人都换了，就更难解决了。

未来的地产市场还会遇到更多诸如此类的问题，它们看起来微小却极具杀伤力，可能会给房地产市场带来很大的变数。关于烂尾楼的传播路径，主要有两个：一个是在有烂尾楼的城市蔓延，一个是在有烂尾楼的企业集团蔓延。一旦烂尾楼拖累楼市并蔓延到一线城市，造成一线楼市房价下跌，那么引发的将是全局性的问题。好在政府认识到了这些问题，并开始下大力气解决烂尾楼问题。

第五部分

买房实操篇

14

买房 18 纠结

关于买房的问题有很多，这里无法穷尽，我选取了被问得最多的 18 个问题简单解答一下。由于不同城市的情况不同，以下回答以北京地区 2023 年的情况为参考，希望对大家有一定的借鉴意义。

买房，还是不买房？

一句话：如果是出于刚需或改善，择机买；如果是投资，暂停或特别谨慎选盘。

若是刚需，买房即使不踩在低点，也不算买亏，因为你提前享受的感觉是无法量化的。只是别恐慌性买房，一恐慌，你就输了。了解楼市逻辑、交易套路，多听听站在购房者立场的专家的意见，不要一上来就加入看房团，否则容易跑偏。最好是看好了再加入，和他们平分成交佣金。买二手房最好找个买房砍价师。

若是改善，一买一卖，市场变化对你的影响可以对冲：市场上行时，先买后卖；市场下行时，先卖后买。关键是先了解并明确自己的需求，而后再选房，不然你会陷入过度纠结。5月一般会出台教育政策，别在那时和盯学区房的人扎堆买；2月、3月别和拿了奖金、分了红的高管群体凑热闹。

若是投资，主要保值，优选核心区。不要太用"发展的眼光"，不要再去新开发的片区，不要选没法住的远郊，不要选概念晚期的楼盘，也不要去三、四线城市抄底。总之，不要去买没有接盘者的房产。

全款买房，还是贷款买房？

一句话：如果你有闲钱，并且没有好的投资渠道，用全款；否则尽量多贷款，贷款期限尽量长。

若是购买首套房，建议你尽可能多贷款，因为这时多投入三五十万元，你选择的房子的品质就会提升一大截；对于置换的客户，买二手房时要把付款条件（比如可以付全款）作为谈判的筹码，压低价格。要从总成本的角度考虑，包括税后、付利息后的成本，不要只考虑单价，这样统筹之后买房才划算。

买现房，还是期房？

一句话：看开发商的运行情况。看企业运行和项目售卖情况，如果都还可以，买期房；如果运行不好或者售卖一般，买现房。不要用国企、民企来简单区分，国企开发商也可能出现烂尾楼。

买期房肯定更便宜，你可以选择的余地比较大；如果买现房，价格可能会高一点，选择余地也会小一点，但风险也变小了。所以，对于运行尚好的开发商来说，现房和期房各有利弊。

对于不了解的开发商，你要考虑两个问题：一是楼盘会不会成为烂尾楼；二是会不会因为卖得不好，后期不能兑现配套和设施建设。这里要特别提醒的是，当下中国房地产行业发展到了一个新的拐点，这就意味着不是所有的楼都会建成，不是所有的楼都会卖得很好。所以我们要特别提醒，烂尾楼出现的概率在加大。这样的楼一般会出现在远郊的一些大盘、配套需要大投入的地方，还会出现在几个股东联合开发的情况下，所以当遇到这些楼盘的时候，对它的期房一定要小心。

如果买一手房，是买前期开盘便宜的，还是后期品质好的？

一句话：看你是偏重投资，还是偏重居住品质。如果是前者，买前期开盘便宜的；如果是后者，买后期品质好的。

开发商营销有个铁律，就是低开高走。因此初开盘时一定有实实在在的优惠。但未来卖得如何，开盘时吸引什么样的用户群，对楼盘的长期价值有很大影响，这一点往往会被忽略。

开得好，一切正循环，往好里做；开不好，开发商走保本路线，承诺很难兑现。选择在后期买，这两点就一目了然了。

买新片区一手房，还是买老城区二手房？

一句话：冷静点。主要看新到什么程度，以及老到什么程度。

如果是刚画圈的新区，就别买了；如果房子是 1995 年之前建的，也别买了。除此之外，看个人喜好。对于以投资为主的购房者，如果投长线，新区规划好，标准高，但短期居住不方便；如果投短线，交易量大的老城区，有稳定的客户群、换手率等已知因素，套现容易。

对于新区，看基础设施投入是不是超过了80%，楼盘是不是实力品牌企业开发的，新区有没有产业入驻，发展是不是可持续。不要买概念晚期的，不要小马拉大车的，比如二线城市搞金融城，三线城市搞高科技城，四线城市搞大学城，等等。

对于老城区，可买的，包括教育资源好的，或有改造可能的，品质要属区域内中上的；不可买的，是40年不能贷款的，没有改造可能的，品质属片区垫底的——因为它总是用来垫底，升值潜力小。此外还有房子太老的。

要注意一个可能的趋势：随着土地难卖，各种规划条件放松，新建楼盘在层高、得房率等各方面标准的提高，以及新材料的应用，新科技带来的各方面的优化，新老楼盘之间将出现明显的代际差。一旦这个认识成为共识，老房子会在一夜之间大幅贬值。

商住公寓和住宅选哪个？

一句话：现阶段不需要纠结这个问题，买住宅。

商住公寓唯一的优势是便宜，但由于流动性受限，无法享受楼市升值的红利，而且还有占购房资格、必须全款、不能落户、没有小区环境、人员杂乱、存在安全隐患、没有天然气、商水商电、物业费高、生活成本高等劣势。另外，目前住宅是土地使用权70年到期后自动延期，但商住没有明确这一点，如果是到期土地被收回，或者需要补交不菲的费用，购房时的价格优势就被抵消了。

商住公寓需要等到某一天买房的逻辑彻底改变之后，即大家买房都开始算租金、不算增值时,价格才会回归。

买房考虑租金,还是升值潜力?

一句话:在一线城市买房,仍可以考虑保值和升值潜力。

目前在北京、上海等楼市仍然活跃的城市投资置业,主要还是考虑具有"孤岛效应"的板块和产品,它们还具有保值、升值可能,可以忽略租金;3年后买房,或在其他地方买房,要考虑租金,即当房地产到了改变它的投资属性,换成以居住属性为价值导向的模式时,要考虑以租金收益率为主的估值模式。

置换是先买还是先卖?

一句话:要同时进行。前文说了楼市上行通道,先买后卖;下行通道,先卖后买。但在实际操作中,交易时间很难确定先后,所以要同时进行。

首先,要梳理你自己的需求,想好到底需要什么样的房子后再找房。其次,要统筹进行买和卖两个行为,总体上判断价格是合理的即可。千万别死扛某个价格,影响买和卖的连环单成交时机。

一定要把买房、卖房的周期控制在一个合理的时间段内,不然会出现因市场变化导致彼此后悔进而违约的情况,这会把一个愉快的改善换房的过程,变成恼人的处理纠纷的过程。

学区房还买不买?

一句话:如果小孩马上上学,要接受传统教育,而且手里有钱,就买;否则不建议买。

两个基本现状:教育公平化是大趋势,大家第一优先投资的永远是子女教育。这就决定了学区房价格会一直偏高下去，但价格超高、继续涨价的局面会被改变。一线城市就是看你的资金，看你的孩子是不是马上上学，然后再来决定买不买；如果是一些三、四线城市，有学区房概念，但仅是作为楼盘卖点、价格还没有被炒高的，这些地区是可以果断去买的。更多内容见后面学区房专题部分。

是跳高点一步到位，还是轻松上车再置换？

一句话：如果没有必须满足的具体需求，还是选择轻松上车，保守点为好。

买房是个需求不断升级、持续一生的过程，不会一步到位的。在家庭经济条件有限的情况下，选择不因背负房贷而拖累生活为好，选择家庭中保守一方的意见为好。

上车的，一定要考虑上车盘将来出手的可能性。比如北京的望京地段好，但是一个一房的户型卖到500万元，未来再升值换手的可能性就小很多。有能力出六七百万元去买一个单房的人，一定会凑800万元买两房。

还有，也是最想要提醒大家的就是，不要为了跟风上车去买一些毫无价值的、便宜无用的房子，比如跑老家买一套没人会去住的房子，这样得不偿失。

买个户型和楼层差一点的大面积房子，还是户型和社区好的小面积房子？

一句话：普通人家，能力允许的情况下，选择多一间房但户型稍差的房子；如果没有能力买多一间房的，那就选社区相对好的。

如果是投资，小面积的房子更容易出手。大小是相对的，这里的小，指两房或小三房。通过看片区二手房的历史成交纪录，可以看清楚哪些房好出手。

社区的好坏，有一些模糊的标准，我早些年研究"社区的潜能"时，得出过一条结论：社区住户规模要适中，适中到保安可以一眼分辨谁是小区里的住户，这个规模大概是 1000 户。规模太大，人员就会杂乱；规模太小，物业管理没效益，也不行。

小产权房买还是不买？

一句话：如果仅仅是为了住，就可以买；如果想投资，就别买。

小产权房用来住是没有问题的，但作为投资房产就没有价值了。前文提到过，没有流动性就没有升值的潜力；产权不完备，最大的问题就是流动性偏差，愿意接盘的人少。

还需要提醒的是，以上说的小产权房，都有一级政府背书的合同。小产权房差别也很大，不要陷入个人集资建房的圈套里去，那样就会纠纷不断，把买房的愉快过程变成一场冒险。

买二线城市核心区域的房子，还是买一线城市卫星城的房子？

一句话：买二线城市核心区域的房子，如果你水平高、偏好高风险，去买一线城市卫星城的房子。

买一线城市卫星城的房子风险较大，不确定因素太多，购房者要懂房地产行业。最起码要守住底线思维，就是未来如果在一线城市工作，这套房是可以用来住的。周围要么有轨道交通，要么有快速公交，通勤时间保持在一个小时左右。不能满足上述条件的，房屋空置率就会高，请物业都请不起；如果没有物业管理，那社区就会杂草丛生、管理混乱，住户会进一步减少，这样就会陷入一个死循环。

要不要为花园、阁楼、露台买单？

一句话：如果是新房，建议买单；如果是二手房，就看你喜不喜欢了。

生活内容场景是由很多灰空间（也称泛空间）带来的。新房多利用这类空间来促销，它们的价值并没有充分体现在价格上，所以可以买。有时，对有孩子的家庭来说，附送的10平方米小花园，比几十平方米的室内面积更珍贵。

长期价值洼地值得投资吗？

一句话：看看有没有翻天覆地的变化，如果有，可以投资；如果没有，那就务必谨慎。

翻天覆地的变化，包括规划层面区域功能发生改变、旧城改造、投入大量资金改善基础设施，以及城市房价整体上涨带来的板块轮动效应。但是，既然都要涨一轮，洼地的价格上涨空间也并不大。另外要知道，改变一个价值洼地，对造势能力的需求远高于新地方对投入的需求。所以从投资角度，还是要谨慎；从居住角度，还是看具体楼盘的品质。

买精装修的房子，还是买毛坯房？

一句话：若是品牌开发商建的楼盘，就选择精装房，否则选毛坯房。

选品牌开发商的房子，不是因为装修得必然更好，而是房子一旦出了问题开发商很重视，对投诉有回应。

总的来说，自带装修的品质一般不会特别好，这是因为目前市场上还没有可以组织大规模施工的大型装修施工公司。多数情况是开发商通过工程分包，连续分包很多次，这个过程会埋下很多工程隐患。一些中间环节，比如哪个单位对下游分包单位付款不到位，可能导致施工单位干活时偷工减料。

另外，还要看个人的时间和精力，如果你不想自己因为装修而"脱一层皮"，那就买精装修的房子。

要多出点钱买品牌开发商的房子，还是少花钱买普通开发商的房子？

一句话：如果是一、二线城市的房子，10%以内的溢价可以接受；如果是三、四、五线城市的房子，20%以内的溢价可以接受。

品牌开发商和非品牌开发商在房屋建设的细节上还是有差别的，这一点在未来的二手房交易中会体现出来，你付出的适当溢价，是可以得到回报的。

随着地产行业的发展，行业集中度加大，大型品牌企业的采购议价能力很强，所以它们建的房子性价比会高。

实际上主要还是看企业的管理水平。基本上没有开发商在建房时从主观上想偷工减料，一旦出问题，根源都在管理上，包括对乙方的管理、对自己员工的管理。如果一个企业腐败严重，那它建的楼盘质量一定有问题。

如何看出开发商管理有问题？从对售楼处的管理就可以看出

来。对乙方的管理问题，可通过资金到位情况来了解。一个企业如果现金流不好，付款不及时，乙方施工环节就可能出现脱节，最终造成质量出现瑕疵。

所以，要买实力强的开发商的房子。

要不要为社区的居住人群买单？

一句话：如果社区有显著的标签属性，社区氛围好的，可以买单；如果没有，就算了。

现在买房子看硬件、看品牌，未来会过渡到看社区人群、社区氛围。甚至一个社区有没有名人居住，业主群体的文化品位，将决定楼盘未来的价格。

一个以金融业工作者居多的小区，和一个以 IT 或技术研发从业者为主要居住人群的小区，社区氛围肯定不同。一个经常传出有业主破产、房产转让消息的小区，和一个蒸蒸日上、业主惜售的小区相比，二者的价值是不一样的。不同的社区标签会吸引不同群体的人。一个高知业主群体会把一个普通小学变成名校，把普通房子变成学区房。

15 选择城市和片区

选择城市时,我们要重点关注热点就业城市,而不是富有诗意的地方。

房价本质上反映的是房子的稀缺程度,是需求人口对供应的稀缺,是口袋有钱的需求人口对房子的稀缺,而不是关注总人口。这里所说的人口主要是指人口结构,包括买房的人口、工作居住的人口,要关注常住人口的增加量。反之,流动人口的增加量没有意义,旅游城市来再多的人也没用。

旅游区和郊区自然环境再美,房价也比不上中心城市。这是现状决定的。一个楼盘是作为第一居所还是第二居所,其价格也相差一个等级。三亚的海景再美,房子也卖不过另一个滨海城市深圳的房子;全国最好的旅游城市之一昆明的房子,也卖不过苏州下辖的县级市昆山的房子。

选择在哪个城市购房,在前面章节我已经做了诸多论述,这里从操作层面做一些提醒和原则上的说明。

第一,看大的历史变迁规律。

首先要看经济发展的格局。随着从外循环转到双循环,显然往东南飞的群体中出现了回流，舞台的聚光灯也从东南沿海向内陆中心城市转移。经济的布局转型、出口转向内销、海权转向陆权加速了这种趋势。其次要看城市化的进程。从城市发展到城市群的形成，从全体城市的进化到城市的分化，速度均在加快。再次是要看国家在重大基础设施方面的投入。比如高铁就改变了城市原来的相对位置，所有城市被高铁网连上后，就出现了节点和非节点城市的区别，中国城市的中心位置相对发生了转换。另外，要关注社会经济发展带来的移民迁移潮，类似美国20世纪50年代老年人迁往南方的"阳光地带"，我国人口也会出现从寒冷的北方迁移到温暖的南方这样大的历史变迁。

第二，看投资的潮流。

关注当前人们普遍形成的共识。如果大家都认为某个地方是投资方向，那就可以去投资，没有什么更多道理需要讲。因为只要进场的人多了，就形成了方向。

有潮流就会有反潮流，反潮流能否占据上风，取决于其造势能力。比如西双版纳的住宅，肯定不是好的投资标的，但当陆续有很多大开发商一起过去开发房产，带动一大批购房者购房，进一步带动航空交通的改变，反潮流就成功了。

在这方面，我们还要看3个群体。一是看开发商和开发商的集群。他们的判断一般是领先普通人的，但个别冒进的投资不要跟。二是看金融投资人士。他们往往有着"上帝视角"，有着对各行业的整体观察，离房地产行业的距离不远也不近，比较容易辨识发展的大方向。三是看政策、媒体和房屋中介。我们要学会从各个角度看：有的城市找准了定位，在踏踏实实发展自己、实现蓝图，这时我们正着看即可；有的地方现在不好，千方百计把购房者吸引过来后,未来可能会变好,这时我们就要倒着看;还有一些地方,反复自我宣传的目的是吸引购房者,这时我们就要反着看。

第三,看城市竞争力。

城市之间的差别还是在于经济发展水平的差异。当年的"房价四小龙"——深圳、青岛、大连、温州,都很有城市魅力,房地产市场靠外来人口的购买力支撑。但现在除了深圳,其他3个城市已经没有那么耀眼了。当然,现在的网红城市也会过气,城市的地位会适当回归。在过去,有大学的城市会吸引人才;现在,有大公司的城市吸引力更强。一座城市最大的公司如果是当地的公交公司、自来水公司、地铁公司或建设集团之类的,那吸引不了多少外来人口。看城市的竞争力,只需要看前10名纳税大户都是谁。

城市的竞争不断升级,从招商引资抢企业到抢人才,变相抢的是一家三代的购买力;从抢明星企业到拿钱下场做风险投资,培育有潜质的明星企业。此外,有的城市还争着成为下一个中心城市、设立自贸区——这些都是城市竞争的形式。我们要看谁是赢家,投资都去了哪里。

所以,我建议还是到我们在第11章提到的"7类城市"去。

第四,看该城市房价所处的阶段。

很多人入行时间短,看不到这一点。一座城市的房地产被疯炒过或没被炒过、刚涨价或已经涨了几波,入市的策略截然不同。比如西安的房价在2017年大涨后落下来,很多人觉得房价终于跌下来了,不会再上涨。我的看法则相反,炒房客刚尝过这个滋味,肯定会大口地吃房价上涨的红利,所以要选择刚吃到红利的城市。

任何流行的事一般都会经历至少 3 波浪潮：首先是先见者出手，然后有一批主流人群，最后还有一批跟风者。人数最多的是最后一批。2017 年，我看到很多对房地产一窍不通的老年人成群结队去环京的河北买房，我就知道房价上涨得差不多了。

第五，看政府领导。

既要看当地政府领导的发展思路，也要看他们的任期长短。要做大的城市发展规划，需要领导政策的持续性，不然一换新的领导，发展的思路很可能会改变。

第六，照顾个人的喜好。

有的人爱山城，有的人爱海景，要重视自己的个人爱好。居住体验很好，房子在心里就已经升值了。房子不是简单的消费品，好的房子会滋养人。还要注意城市和自己的关系，有的人会选择在老家买房，或在自己上大学的地方买房，这都没有问题，毕竟这样能够存放情感回忆，方便对接人脉关系，这些都是难以简单用房屋价格衡量的。因此，如果有喜欢的城市，去大胆追求吧！

最后还要提醒大家，千万不要进入概念晚期的城市。

关于片区的选择，我认为，不追新区，你就成功了一半。我国城市发展已基本定型，再打造一个新区，还能做成功的可能性不大。此外，在选片区前，还要问自己是为了升值，还是为了居住舒服、满足家庭需求。如果是后者，自己感觉好就出手，不需要研究太多。

有一些城市的房地产，目前还没有脱离原来的发展逻辑。接下来我们来分析，如果希望在这些城市购买的房产保值甚至升值，该如何选择片区。

第一，找到城市发展主轴。

一个城市的发展是根据规划来的，但我们也必须要看到图纸上没有的规划。

比如，根据2003年深圳的城市规划，市政府要从罗湖区搬到福田区，但规划中没有体现出罗湖区从此以后建设规格会降低，也没有说罗湖区东边的盐田区建设规格会降低，更没有说西边的南山区地位要超过罗湖区。可是，市中心西移这一规划自然而然就导致以上各区发生了这样的地位变化。这个变化一旦形成趋势，就是政府、民间一起发力，势不可当，形成了深圳20年"一路向西"发展的局面。

一座城市在短时间内只能有一个主要的发展方向，我称之为"城市发展主轴方向"。特别是在城市化的下半场，资源有限，各区域间的发展此消彼长。虽然说城市的东南西北都会发展，但基本会沿着城市的主轴方向优先发展。投资选片区，首先要看到这个主轴，按照这个方向来选片区。那些不在主轴方向的片区，特别是新规划的开发区，会存在较大的不确定性，所以不要选。

第二，看片区的土地供应。

如果该片区没有空地了，那么未来这里就不会有新项目推出，根据我们前面章节学到的房价相关性原理，未来就没有新项目的带动，也没有新项目推出带来的此起彼伏的热点板块增值效应。就像北京的团结湖，位于三环边，紧邻地铁站，离朝阳公园还很近，可是一直是北京的房价洼地。因为附近土地全开发完了，没有新土地，所以没有开发商来宣传造势。

但是一个片区如果土地供应量很多,就没有了稀缺性,也就没有了快速上涨的动力。比如西安的西咸新区,土地量太大,消化供应量估计要用很长时间,这就意味着很长时间都等不到房屋价格的提升。

第三,看片区人群构成。

不同的片区聚集不同群体,不同群体又造就出不同的片区,人群构成会间接反映片区附近的产业、就业等综合情况。

每个城市的火车站附近人多,但并不会推动那里的房价上涨。要看常住人口的情况,看增量,看他们口袋里有没有钱。

我们很早之前做过一项有关互联网从业者分布对北京片区房价影响的研究,说的就是这个效应。在北京的房价地图上,从西北的西三旗、上地到东北的望京一带,形成了几个价格陡峭的片区,因为这些片区都住着一个高收入群体——互联网从业者。当然互联网从业者会流动,也可能整体迁移。

关于片区的选择,还有一点要注意:严禁以自我坐标为中心!人们选片区特别习惯以自己生活、工作的地方为中心来确认片区远近、价值高低。但其实要跳出来看,不要以此作为价值参考坐标的中心。

最后,要避开"新晚膨"3类"坑区",即刚规划的新片区、概念晚期的片区、城市信心膨胀区。我将在后面的避坑专题里进一步介绍这3类"坑区"。

16 入手时机

关于买房时机，首先要抛开两个我们旧有的观念。

一个是"有钱了就是时机"。对于刚需群体来说，有一句话叫"先上车"，但当下不再是"闭眼买都对"的时候了。另一个观念是"在别人贪婪的时候，你恐惧；在别人恐惧的时候，你贪婪"。当下来看，下半句应该改成：在别人恐惧的时候，你更恐惧。因为当所有人都不看好的时候，就没人进场；没有人气烘托，市场热度就起不来。永远没有人看好，市场就永远好不起来。

对买房入手时机的判断，我们还是要根据房价热气球模型，分析房价升降趋势，做出是否入手的判断。这里就看进场热分子数量和热分子携带的热量的变化。简单来说，就是看二手房的带看指数和成交周期这些前序指标。

房地产市场的变化是连续的，有几个固定的特征，比如房价上涨前，先是带看量增加，然后是成交周期变短、成交量上升，最后才是价格提升；反之亦然。因此，房价不会出现像股市那样稍纵即逝的行情，让人把握不住机会。

那我们来看看这些年，都是哪些人在买房时机上后悔的。没钱买房的，不会后悔。有钱买但错过机会的只有两种情况：一开始没买，大涨了才买；当时没买，涨了更不买。最后悔的可能是在 2018 年前后那一批买房的人。

因为房地产的变化是连续的、可预测的，所以任何时候都有足够的时间和机会来纠偏。上述几种情况主要还是因买家的性格或价值观导致。前者多半是不看好市场，但最后被事实教育了；后者直接就和市场杠上了，越来越不看好市场，这样的人还是不少的。最后那拨人是终于出手，但缺乏对大周期的了解，成了"站在高岗上"。由于房地产的涨跌周期很长，短时间内无法验证他们的对错。

买房的时机把握得好不好，首先还是取决于我们的价值观和信心，然后才是市场认知这些技巧层面的东西，比如对自己的前途看不看好，对这片土地或这座城市的发展前景看不看好，是偏乐观还是偏悲观。有钱没钱反倒是其次。"万科 17 英里"开盘时定位是顶级豪宅，而我当时决定购买时，只是深圳一名普通的中等收入者。我带动了身边一批人买房，他们都不是有钱人，有的甚至还没工作，没有固定收入。

所以，梳理了自己内心的这些纠结后，再来看买房时机，才会变成一个纯技术层面的讨论。我将分别从城市入手时机、片区入手时机、楼盘入手时机、一年中的入手时机，以及如何判断眼下是不是入手时机这几个方面来论述。

城市入手时机

在不同的城市，买房应该选择什么样的时机？什么时候买房最好？

前义已经讲了每个城市都有房价成长的阶段性，我们在这里进一步将其描述为"房价波段论"。

实际上，每个城市的发展都有生命的阶段性，我们据此可以观察到房价的起伏和变化的阶段特点，由此来决定入市时机——是爽快地入手，还是再等一等。

一般来说，在三、四线城市的房价上涨过程中大致会有 3 波机会。最开始是业内人士和部分先知先觉者购买的"先导期"。他们进入后，房价很可能会稳定在一个长期不涨的阶段，这个阶段扛不住的人会成为试验者。然后一直到迎来某个引爆点。

引爆点一般来自国家政策在本地的落地，比如国家决定在海南建设自由贸易港，将西安建设成国家中心城市等。这些概念对于一线城市没什么作用，但对二、三线城市房价的拉动作用非常大。过去这些年，大多数城市都被"翻牌"了，即使不是国家级战略支撑落地，起码也是省级的。在这些城市投资买房就是一个机会，因为大家都相信它会带来好的预期，会拉动房价上涨，这是房价热气球模型在起作用。

引爆点的声音很大，一些外地投资客都听到了，无论远近都跑过来买。这时候房价很可能会较快地上涨，我们把这个阶段称为"爆发期"。

到了"爆发期"，很多人都觉得这时候房价已经太高了，但其实此后还会有一波更大的上涨机会，那就是全民炒房的"过热期"，房价在这个阶段会普遍上涨，但这时也应该提高警惕了。

怎么判断一座城市是否已经进入全民炒房的阶段了呢？我有个小诀窍，那就是当你发现一座城市中原本偏向保守的人群，比如教师群体，都开始投资买房了，那么很可能就已经进入全民炒房的"过热期"了。

我以教师群体为例，不是对教师这个群体有什么偏见，而是因为教师群体普遍对财富不是特别敏感，对风险的态度相对比较保守，他们平时工作很忙，所以当买房能够赚钱的信息传递到他们这里的时候，很可能已是全城尽知，这时房价的上涨基本到了尾声，此后会横盘很长时间。

片区入手时机

上面介绍的是城市房价变化的阶段性，同一城市的不同片区，同样也有它的生命周期，所处的周期不同，我们应该采取的投资策略也会不同。

一个新的开发区的发展必将经历漫长的过程，其中有几波入手房地产的机会，不过很难说一开始进入的就比后来进入的占得先机。比如北京亦庄、深圳龙岗、南昌红谷滩，是3种规格的都市新区，发展过程中都有几个起伏，其实都是人气的带动、传导、消散、消化、积累和爆发的过程。判断的技巧在于，要抓住一个关键节点，即几乎每个新区的楼市发展都有一个明显的转折点。有的是因为大的项目或公共设施的投入使用，有的是因为大开发商的大动作。比如北京亦庄发展了很多年，地铁的开通对它来说很关键；深圳龙岗发展的关键节点是大运会的举办；南昌红谷滩发展的关键节点是万达商场进驻开业。

这些都是重大的、公开的事件,我们可以据此判断入市或者离场的机会。

除了前文讲过的关于片区发展的小常识,比如一个新片区的成长取决于政策、城市发展规划等,这里还要补充一点,就是新片区和主城区的距离。我把这个关系用公式表示如下:

$$1/T=1/S$$

式中,T是发展周期,S是新片区和主城区的距离。距离越远,需要等待的周期越长。

比如西安的高新区离主城区很近,短短几年就发展起来了。天津的滨海新区离主城区远,发展了很多年,房价还没有和市区对接上。

根据我的经验,主城区的带动作用一般在10千米内,超过20千米就很难带动起来了,基本相当于重新发展一个新城区。这时,新片区和主城区的关系甚至是竞争关系,而不是互相借力的关系。这样可能会导致主城区发展越好,新片区崛起越慢。

当S<10千米时,主城区对新片区的带动明显,T≈10年;当S>20千米时,主城区和新片区的关联关系疏远,T>20年。

这里的新片区指综合性市区,不是单一的工业区或科教区。

我们用这个经验公式来预测下大湾区的明星——广州南沙区。南沙区如果定位为工业区或者港口贸易区,可以错位发展;如果要发展成综合性的新市区,我觉得空间有限。因为它和主城核心区的距离超过40千米,两个城区要从同一母体中吸收资金和人才,它就和主城区形成了竞争关系,可南沙区哪里竞争得过珠江新城呢!未来的情况就是:珠江新城发展得越好,南沙区的发展相对就越困难。

不管新片区未来的命运如何，房价一开始都会有一段时间的小幅上涨，此后也会有很长一段时间不涨，再后来有的新片区房价会突然飞升起来，有的会一直探底。

新片区的明星楼盘带动作用很大，在有明星楼盘的情况下，新片区的发展会很快，反之则很慢。比如深圳当年的前海湾和深圳湾，分别由星海名城和蔚蓝海岸领衔带动，但片区的发展过程是不一样的，前者落后后者5年。当然后来前海重新出发，情况又有变化。

另外，判断一座城市、一个片区的投资时机，我们还要看是做长期投资还是做短线投资，如果做短线，就要看看这个地方有没有形成一个二级市场。有没有成熟的二手房市场，是判断能不能做短线投资的重要依据。当你觉得房价涨了想卖的时候，如果根本就没有接盘者，这样的城市、片区就很难去做短期投资。

随着一个地区的基础设施逐步完善，居民陆续入住，三级市场也开始形成，这个时候短线投资也会有人接盘。所以，早到有早到的好处，买入的绝对价格低；晚到也有晚到的好处，变现需要等待的时间短。

城市和片区房价的上涨一般遵循这种三波段式的规律。原来这3个波段的间隔时间可能会拉得很长，现在因为这个规律已被越来越多的人掌握，时间节奏加快了。一波之后很快就接着一波，有的迅速从"先导期"进入"过热期"，近两年这种现象在二、三线城市经常出现。

房价快速上涨通道

房价在每平方米 1 万元以下时，你关注的数量单位是千。房价从每平方米 6000 元涨到 6500 元，你在心理上会觉得有差距。比如北京当年房价每平方米不到 1 万元时，每平方米 6000 元的房子和每平方米 8000 元的房子差距非常大，一个是普通住宅，一个是豪宅。但是当每平方米超过 1 万元之后，房价变为以万为计数单位了，你关注的是几万几千，同样差 2000 元，比如每平方米 1.2 万元和 1.4 万元，你就会觉得它们的价格差别不大。价格敏感性降低就导致开发商向上定价的阻力变小，于是房价就越来越频繁地突破大家的心理防线。

所以每平方米 1 万元是个关口，很多城市的房价会在这个关口徘徊很多年，但是只要突破它，房价就会进入一个快速上升的通道。

以西安为例，之前的房价一直没怎么涨，这么多年来都在每平方米 1 万元之下，有好几次个别楼盘冲关，马上遇到大的政策调整，房价几次都是这样被打压下来。因此，西安的房价一直不高。直到 2017 年，房价终于突破了每平方米 1 万元，之后便开始迅速上涨。

这里我还要提醒一下，当一个城市或地区进入全民炒房"过热期"，我们就要在这个阶段有所警惕，更要警惕的阶段是前文提到的概念晚期。

楼盘入手时机

新楼盘开盘有个铁律——低开高走。先入手就价格低，位置户型可能稍差；后面的价格高，位置会好些。所以先入手后入手各有利弊。如果目的是投资，可以早入手；如果是自住，那可以等等。如果是偏远大盘，等待还有一个好处，就是可以看看项目卖得好不好，会不会烂尾。再者，看看都是什么样的群体买房，未来能不能带动楼盘品牌提升。

一年中的入手时机

通常，一年中有3个时间点可能买到便宜房子。一个是年中和年底买新盘，因为地产上市公司需要在年中和年底把报表做好看，往往会在这个时候冲销售业绩，会打很大折扣。另一个是春节前买二手房，因为有些小企业主"过年关"，就是年底急需一笔钱发工资或付款，会被迫出售手里的房子，价格往往会很低。还有地产施工方可能会拿出来抵工程款的房子，卖得很便宜，往往也在春节前。当然在9月、10月买房也不错，因为天气好，开发商会集中推盘，可选择的余地大。

一年中要规避的出手时机首先是2月和3月，这时候企业高管的奖金或分红刚拿到手，所以不要和高收入群体争房子。还有就是5月，一般新的教育政策会在这时候出台，会有一波学区房热带动一波行情，也要回避一下。

眼下是不是入手时机

说了这么多买房时机的选择标准之后,你可能在最后会提出一个简单明了的问题:现在到底是不是买房的好时机?

我认为这首先取决于你所在的城市的情况,以及你购房的目的是刚需、改善,还是投资。

如果是刚需,要看看眼下的市场行情,如果房价刚开始上涨,可以买;如果是横盘,或下降,就再等等。整体来看,接下来这几年,除了少数一线、二线城市,市场都对购房者有利。这是因为市场大环境进入了买方时代。但有一点别会错意,那就是各地救楼市,是救开发商,并不是站在买房人角度来考虑的,所以不要等救市成功再考虑买房,还是要有点提前量。

尤其是对于那些仍在执行地产限制性措施的一线城市,如果新楼盘还被政府限价,和二手房的价格出现倒挂,那么这时就是入手机会,买房相当于赢在了起跑线上。

如果你是投资型购房者,这时仍有机会,可以瞄准三大城市群中的"价值飞地"。这样的地方因为城市群内部城市的互联互通,或某个重大项目的落地,片区地位会突然改变、升级,那么在彻底改变之前就是入手机会。北京、上海、深圳周边都隐藏着这样的"价值飞地"。

除了飞地,还有孤岛。哪些是具有"孤岛效应"的城市、片区?前文有述。这些懂了,也就懂了投资的入手时机。

同时,由于楼市大面积下行,一些地方政府需要投资客带动市场,不会再像过去一样打击投资者了。

对投资型购房者来说,还有一个入手机会:可以看看本地的大面积旧城改造是否能启动起来，如果有，也是一波难得的机会。

　　对改善型购房者来说，我觉得相对关系不是很大，因为一买一卖相当于风险对冲。眼下不管是上行、下行还是横盘阶段，都可以从容地买房。不过市场下行时，先卖后买；市场上行时，先买后卖。特别是在经济下行的背景下，会有一些人因为资金出现问题，低价抛售好房，是一个捡漏的好时机。

　　关于入手时机，以上更多的是讲市场处于正常情况下的对策。关于对策，没有标准答案，没有模型可以算出来，但是结合自己的实际情况，你可以得出自己的答案。

17 选对户型

我们知道，故宫有 9000 多间房，那么皇帝的卧室到底有多大呢？乾清宫西暖阁是康熙的寝宫，也就 30 平方米，包括坐炕和净房。皇帝为什么不把自己的卧室建大一点儿呢？

我看了很多所谓的豪宅，卧室面积达到 100 平方米，还有大落地窗，三面透明，这过于大了！顶级的户型设计，一定是根据人的尺度及居住感受来设计的，而不是越大越好，大了反而让人没有安全感。

关于户型，还有个里子和面子的问题。对于一些人来说，房子不仅是用来自住的，还是主人用来体现个人气场的场所。这里就有取舍，看你更注重什么，以此确立设计标准。

大家曾经都喜欢客厅特别大的房子，因为家里会来客人，所以卧室相应就会特别小。可现在似乎登门拜访的情况越来越少，所以又开始流行主人房要大，其他房间都小。未来，很多家庭应该会强调每个成员的重要性，所以要同等重视老人房和儿童房。

下面我将从户型面积、楼栋位置和朝向、室内布局和动线设计，还有尺度空间这几个维度一一分析。

户型面积

虽然前面提到并不是每个空间都越大越好，但是就整个户型面积来说，还是大一些好，购房者要根据自己的财力和个人喜好来决定买什么样的房子。

这里也要看买房目的，投资和自住两种情况对户型的要求并不一样。如果是投资，那一定要根据前面的流动性原理，选择流动性好的房子，就是面积大小比较适中，甚至偏小的户型。我们对北京二手房做过研究，很多片区小户型的单价比大户型高近20%，因为小户型的房子总价比较低，更易流通。在不同城市，房屋面积适宜的标准也不同，比如北京是60平方米，合肥是90平方米。不同时期也不同，过去房屋适宜的面积偏小，未来每个家庭二孩越来越多，房屋面积适宜的标准就会变大。

楼栋位置和朝向

同样分投资和自住两种情况来看。自住的话，首选离小区中心近、离马路和高压线都远一点的位置。一般小区都是围合式和兵营式两种设计。围合式的设计都会有中心庭院，所以小区中的中心位置最好，可以看风景，而且安静；而用来围合的楼栋，位置就相对差一些，一般都是开盘先卖的，价格会低一些。兵营式的设计，除了靠大马路的，其他区别不大，如果选择一栋楼最边上的单元，可以多一个采光窗。如果是别墅，一般会选择位于一条路末端的别墅，这样的位置领域感更好，私密性更强，不像中间位置，大家都从你家窗前经过。

朝向的话，基本上全国都是以坐北朝南的朝向最好，但是各个地方都有最佳的朝向，比如北京南偏东偏西 30 度以内都可以，但广州就是南偏东 15 度和南偏西 5 度以内，原因就是躲避西晒。

有时户型的朝向不太好分辨，比如有很多房间，有朝南的，有朝北的，还是要走进去亲眼看。板楼不存在这个问题，有多少面南墙，就有多少面北墙。塔楼户型很多，有南向的，有北向的，还有东西向的，这里我们主要是看客厅的朝向，客厅朝向南的，我们就说是南向的，客厅朝北的，我们就说是北向的。

这里要提醒一下，有的房子虽然是南向，但可能窗户窝在天井里，是有遮挡的，因此房屋价值要打折。有的户型虽然也是南北通透的，但朝北的窗户对着走廊，价值也要打折扣。

就北方城市来说，我觉得朝南非常重要。房子不一定面积大就好，但采光面要宽，进深可以浅一点，让阳光能够洒满一整个空间，冬天时那种满屋阳光的感觉特别好。夏天的夜晚，打开窗帘，也是满屋星辉。

功能布局和动线设计

再来看看房子里面是怎么布局的。

豪宅面积大，布局很简单，这里只讲普通住宅。最好的房间布局，还是南北通透，房间方正，没有阳光照不到的边边角角，没有太多过道浪费面积；在功能的安排上动静分区、相互串联。

走进一些经典户型，你会发现客厅、卧室、餐厅、厨房布局合理，分而不离。有可以互动的活动区，比如客厅，也有安静的独处区域，比如各自的卧室。因为老年人和年轻人喜好不一样，要把他们相对隔开一点。比如说两间卧室，主人房和老人房并排的布局就不太好，最好离远些。所有卧室都不要门对门，主人房要有单独隔开的区域，有一定的领域感。

功能的分布也要考虑气候环境，像北方地区，厨房尽量不要设在北侧。因为冬天北风多，会灌风进来，密封不好会导致整个房间都有油烟；另外厨房也不要在整个家的深处，最好在一边，因为它毕竟是个生产车间，有油烟、有噪声。

再者，洗手间和厨房都要有窗户，也就是明厨明卫。有的塔楼房间多，必然有些中间的套间，洗手间没有可以开窗的墙。讲究的开发商在设计时会在外立面向里开一条凹槽，这就把外部空间延伸到了里面套间的墙前，可以开小窗。如果看到这样的户型，可以放心买，说明他们是很专业的开发商。

要观察家里的起居动线设计得好不好，有两个小诀窍：一个是假如晚上你要起床上洗手间，不开灯的情况下摸索着去厕所，你看看路线是不是流畅，如果是七弯八拐的，那这个户型布局就不够合理。另一个是看从厨房端菜到餐桌上是不是很顺畅。这两条动线一试，基本就能检验出开发商的设计水平，能看出房屋设计精细到什么程度。

另外，房间里尽量平整，不要错层，也不要跃层。

很多年轻人去看样板房，觉得跃层、错层这些户型很好看，有设计感，但其实时间久了就会发现住起来并不方便。同样的道理也适用于多层别墅。很多别墅连地下室一共四五层，但是住久了就会发现，有一层楼可能永远不会有人去。一般人的活动范围在两层之内，一个家庭两代人三层比较合适。LOFT就更不适合居住了，上班族平常累了回到家基本就往沙发上一躺，在客厅和卧室活动最多，那些需要"上蹿下跳"的空间久而久之就变成了杂物间。

尺度空间

尺度非常重要。好的房子让你感觉该大的地方大，该小的地方就小。

空间的感觉跟层高有关系。如果层高没有增加，只是加大面积，进入房间后就会给人压抑的感觉。如果面宽和层高协调，就会让人感觉很舒服。

举个例子，在北京首都机场 2 号航站楼，下机后乘客会步入一个大厅，因为它的平面面积很大，但是层高不够高，所以走在里面会给人一种特别压抑的感觉。按说它的层高肯定比我们家里的房子层高要高，但就是因为层高和面积不协调造成了这种压抑感。

怎样看尺度合理不合理，这里有一个小窍门，那就是去洗手间和厨房转一转。因为这两个空间一般面积都比较有限，特别是小户型的房子，洗手间和厨房的设计更加紧凑。购房时，可以在洗手间里试试蹲下来再起身，看看好不好转身；可以在厨房的操作台前转转身，尝试做洗菜、切菜和炒菜几个动作，看看是否可以顺畅连贯。

还有一个测试尺度是否专业的地方，就是阳台。

很多房屋的阳台设计，并没有考虑具体的尺度大小。其实，几分米的差别往往就会让人有完全不同的感受，比如站着在阳台看风景和坐着在阳台看风景，所需要的尺度就不一样。很多阳台，站在里面会感觉太宽，想放一把椅子坐下来，又差那么一点点空间。空间不同，价值就不同，一个可以坐着喝茶的阳台和一个只能站着看风景的阳台，给人的体验是完全不同的。

所以去厨房、卫生间和阳台转一转，就可以发现开发商的水平如何，就能看出其设计精致或者细化到哪个层面。我经常去日本看房子，那里的户型非常小，但是每平方米都设计得特别合理，非常实用。

最后再提醒一下，去看房子的时候，特别是买新房去看开发商提供的样板间的时候，一定要记得把里边各种各样的家具和摆设去掉再看，因为开发商有可能缩小了床和沙发等家具的尺寸，美化了各种各样的摆设，所以一定要还原它的本来面目，不要被样板房的布置风格迷惑。

另外，要远离各种特色设计的房子。开发商为了卖房子会设计很多特色的概念和主题，看起来特别漂亮，但是你住进去会发现并不舒服，也不实用。

18 要不要买学区房

问学区房能不能买的人，实际上想问的是学区房会不会大跌。现在如果买学区房的话，会不会成为最后的一批接盘者，为此大亏一笔？

这种担心是对的，显然学区房大跌的风险高过其他一般产品。

这个问题我估计北京、上海等一线城市的朋友可能会特别纠结：不买，怕孩子输在起跑线上；买，学区房实在太贵。不需要纠结的是一些学区房和普通房还没有这么大差价的城市。比如曾经北京西城区某小区一套80平方米的房子，比一路之隔的朝阳区学区房贵300多万元；深圳的某双学区房比旁边的房子贵500多万元。花这么多钱买学区房，到底值不值？

回答这个问题前，我们首先要看懂学区房价格为何这么高，然后再看教育改革政策会带来什么变化，哪个政策会让高价存在的理由消失。此外还要知道这样的情况发生之前，会有什么信号，以及什么时候应该迅速撤离。

有人说，学区房的价格贵，就是因为其中涵盖的学校资源贵。简单理解就是：学区房价格＝房子＋学校。如果这个逻辑成立，像深圳实验双学位房高峰时一套的价格高达 1100 万元，房子本身的价值差不多是 500 万元，那么学校就是 600 万元，后来学区房价格降到了 500 万元，那么是否意味着房子价格是个负数？从学校资源本身来看，比如深圳最好的私立名校，每年花销在 30 万元上下，9 年花销不到 300 万元，享受这样的教育资源也不需要动辄花五六百万元。

由此可见，学区房的价格并不是房子加名校资源的简单叠加。在分析学区房价格时，稀缺性原理并不适用，要利用房价的流动性原理。学区房的超高价格源于它自带的流动性。

很多人会在孩子的学籍落下后，第一时间转手学区房。之前是买后一年就可以转手，后面改成 3 年、6 年，不管多久必然有人接手，这就造成了学区房铁定的流动性。你永远不用担心买贵了，因为你以每平方米 15 万元买下来，3 年后以每平方米 15.5 万元出手依旧没问题，接盘人也不担心，因为后面还会有人接他的盘，所以价格高点儿也能接受。也正是在这样的循环下，学区房不断被加价，成为"宇宙价"。

懂了这些原理后，接下来就是要预判教育政策的哪些变化会对学区房的流动性造成影响，从而改变学区房的天价现象，具体可见第 14 章中提到的两个基本现状，以及为什么天价现象不会持久。

针对天价学区房的第一个政策，就是在流动性上做文章的。比如北京改成 6 年一个学籍，买卖学区房的间隔时间一下延长到了 6 年。在流动性下降的情况下，它还能像过去那样，价格在流动中不停上涨吗？政策出台后一段时间，北京学区房的价格确实停止了火箭式的上升，但是在差不多两年后，大家的信心又战胜了耐心。不就是等6年吗？铁定的流动性还在。于是继续有人进场，不过因为转手流动频率变低，升值变慢了。

此后，教育部门还推出了多校划片的大学区制。十九大报告明确提出"推进教育公平"。现在很多城市都开始践行教育资源均衡化，比如有些城市不再像以前那样严格根据学区划片，而是随机派位；有些城市根据综合的大片区来派位。简单来说，就是购买这个学区的房产后，可能分到好学校，也可能分到一般学校，房产和学区、学位并不一一对应。

这个政策会导致哪些变化呢？会使学区房的价格平均化吗？比如过去可以上名校的学区房价格是每平方米14万元，附近其他学区房价格是每平方米8万元，那么未来在这个大片区买房，有一半的机会上名校，房价会不会也被平均，变成每平方米11万元？

如果按照资源价值的理论，似乎应该是这样的，但是这样的情况并没有发生。一些执行了多校划片的学区房的房价，并不是根据这些好坏学校名额比例的数量关系，在原来基础上同比例被稀释。

还是回到流动性原理，看看流动性有没有受到质变的影响。北京的几个传统学区，如海淀、东城、西城在此政策公布出来后，房价都是随之下跌，大家不敢进场买房了。不过大家后来发现，虽然实行的是多校划片政策，但是像西城区不管怎么划，大概率碰到的都是好的小学，海淀区也被说成是"假划片"，因为还要贯彻就近入学原则，所以基本上买学区房还能保证拿到好学校的学位。当大家看到这些情况后，流动性重新加快了，学区房的价格又因此开始大涨了。直到后来整体市场调整，学区房因价格偏离市场太大，购买风险加大，局面才有所改变。

从中可以看出，学区房一旦没有铁定的接盘者，价格就会下降。原来的那套定价原理，即铁定的流动性导致铁定要上涨的那套逻辑一旦消失，学区房的价格就会出现大的转折。如果流动性还在，就能保持价格跑赢市场。也就是说，尽管学区资源会被稀释，但学区房的价格并不一定被稀释。

目前，各地都在大力推广名校集团化。未来像北上广深这样的一线城市，名校集团化基本是大势所趋，那些普通学校都会被各大名校合并进去。深圳走得更快：南山区的集团名校占比已经达到 80%，南山区已经真正实现了名校遍地；福田区教育局的目标是到 2025 年，集团化学校覆盖率 100%。等这些名校实现集团化之后，教育集团之间就会开始竞争。分校的力量会不断加强，因为毕竟它们都在用同一个招牌。其实一所新的好学校诞生只需要 6 年，有一届毕业生来背书即可。

名校集团化对学区房有何影响呢？如前面分析，虽然学校集团化稀释了名校资源，淡化了学区房概念，但仅靠此举并不会导致学区房价格下降。通常情况是，新沾上名校概念的楼盘会升值，被稀释的名校本部学区房的价格也并不会下降，因为学校不会一下子变差。

以上政策都是针对稀缺性，在资源的稀缺性上做文章，还没有一条会给流动性带来变化。

抛开大的经济形势带来的改变，要想在教育系统内终止这种铁定的流动性，其实需要一个双向的过程：让一般的学校变好，让尖子学校变普通。这样才能让名校学区房不被过度追捧。

于是，我们看到一个政策就是教师轮岗：学生不变，让好学校和一般学校的老师互换，这样就没有人追逐名校和学区房了。这个大招本来可以终止学区房的流动性，但是我们看到，这项工作很难推进。比如北京试行了一段时间，有的学校舍不得让自己的好老师去轮岗，这一政策也就失去了意义。还有，名校集团化在先，即使让好老师去轮岗，也只是在教育集团内部进行。教育集团之间有壁垒，更别说在全市范围内、在不同的区之间进行轮岗。这些现实问题都消解了这一政策的作用。国外也有相关政策，落实得比较好的是日本东京，所以东京就没有所谓的名校和学区房。

其次就是租赁同权了，即租房也有学位。这对学区房而言是最大的撒手锏了。如果真的是租房和买房一样，都可以上名校，那么学区房这种铁定的流动性将戛然而止。当然房价也不会回归到和普通住宅的价格一样，因为它的租金必然上升，有人会从租金收益率的角度来投资。但是这和学区房由于铁定流动性导致的房价不断上涨相比，已经不是一回事了。

学区房永远不会消失。因为即使学校老师一样了、软硬件条件都相同了，还有孩子优秀这个要素。一个片区因为居住群体原因导致孩子们普遍优秀，孩子所在的学校成绩好，小区由此变成学区房的也不在少数，像北京中关村的几所小学。

据我对几个一线城市的初步观察，学区房走向巨变的过程大致要经过这样的一些阶段，有些阶段性特征和信号可以作为我们观察所在城市学区房变化和自己做出购买决策的依据。

第一步是头部下降、中部稳守。首先，那些顶尖的学区房的房价会下来，原因就是教育资源均衡化政策的推进，会让投资学区房的收益和风险不对等。比如北京德胜学区和某重点小学对口，有人以 19 万元每平方米的价格买了学区房，结果只是上了普通小学，这是原本买个单价 8 万元的房子就可以读的学校。这就会导致大家去买大概率能上的中间档次的学校对应的学区房，导致中等价位的学区房价格相对能守住稳定。

第二步是"老破小"贬值，次新受宠。随着对学区房价格走势日益担忧，大家就不会再单纯为了学位而买房，而是会同时考虑居住的品质。这时仅仅能提供学位的"老破小"就会受到冷落。为了保险起见，人们会选择居住条件也说得过去的次新房。

第三步是普通学区房被无视。随着以上各种教育资源均衡化政策的实施，好学校不再是稀缺资源，这时候普通的学区房会被无视，学区房的概念开始淡化，学区房这类特殊产品会被人们从观念里"摘牌"。

最后一步就是脱离独立行情，回归正常价格逻辑。结合市场出现某个下降行情，高价的学区房会率先降价，从观念上给最后一批学区房的持有者"最后一击"。铁定的流动性顿时丧失，学区房最终回到正常的价格逻辑中来。

除了可以推演出以上几个阶段，还能推理出一些可作为提示的时间窗口。

比如北京新出生人口近年来一直下降，但存在明显的时间节点和数量变化。2017 年出生的新生儿为 17 万，3 年后过了高峰，2020 年只有 10 万新生儿出生。适龄儿童数量的变化，一定会使教育部门将目标从"满足人人有学上"转变到"满足人人上好学校"。从 2020 年往后推 6 年，那时学位会出现空余，学生大概率会集中到好的学校上学。这里不是说没有好坏学校之分了，哪怕只剩一万人也会追出个好学校来，不过这就不属于有关学区房的讨论范畴了。

还有城市的轮次。二线城市和三、四线城市有时间差。一、二线城市担心的问题，三、四线城市大可以放心。有的地方学区房并没有体现价值，只是作为卖点，更别说拥有奇高的房价了，所以可以放心买。

以下几条购买学区房的攻略，可供大家参考。

第一，要从大的片区着眼。学区政策不断变化，为了尽可能降低出现闪失的概率，购买学区房时，要选择所在区域学校普遍好的房子。在北京，从学区资源角度看，西城区是高原，海淀区是丘陵，东城区是平原，所以购买西城区的学区房没有问题，大概率能上好学校。购买海淀区的学区房，就要看具体片区了。

第二，学区和房子要一起关心。单纯为了学位买房，风险很大，买房还要兼顾居住环境和居住体验。学位和居住品质两个优势叠加在一起，房子才能抗风险。

第三，关注新兴群体片区和新学校。教育资源会均衡化，但家长和孩子不会均衡化。学校的优质核心资源是老师和孩子。一个拥有高薪产业的新片区，家长和孩子基本上就可以催生出一个优质学区，只不过需要 6 年作为一个周期来背书、验证。

第四，盯住流动性，踩住时间点。根据上面推导的学区房演变流程和时间点，时刻关注孩子上学的学区的变化，看看处在哪个阶段，提前做好规划，不要在学区房的这波巨变中成为最后的接盘者。

除了城市有学区房，在中国还有城市被我称为"学区城市"，比如天津。天津是直辖市，外省高校给它的录取名额不少，加上本地有天津大学、南开大学两所名校，所以高考录取分数线偏低。很多人去天津买房，就是为了让孩子当"高考移民"。后来政策发生了变化，有高中完整学籍的学生才可以在天津参加高考，这就导致在天津买房还要选学区好的城区，推高了购房成本。如果"海河英才"引进人口的计划不停，未来涌进的高考移民会继续增多，最终会拉平天津和其他省级行政区的高考录取比例。冲着这一点买房的，要关注这个比例变化。投资者也要看看后面有没有接盘者。

关于学区房，我的结论就是：教育资源均衡化是大势所趋，但变化需要一个过程，因此，学区房价格高过其周边房子的局面还会维持，但是价格超高的逻辑会被打破，离谱的房价会得到修正。从上学的角度看，好学校的教学水平会维持，一套不错的学区房是值得拥有的；从买房投资的角度看，要具体看城市所处的发展阶段，尽量在流动性枯竭前离场。综合来看，在一线城市就是根据资金状况和孩子的入学时间，决定是否购买。如果是三、四线城市或者比较偏远的地方，学区房概念只是一个卖点，没有体现在价格上，可以果断购买。关键是大家要知道学区房贵是因为它具有铁定的流动性，据此来观察判断，做决策就会容易一些。

19 什么样的房子不能买

买房要先避四大类坑，分别是人、城市、片区和品类的坑，最后才是具体房子的坑。

第一要学会避人。中国有 300 多万卖房从业者，只要你起心动念要买房子，他们第一时间就会知道。各种大数据、平台、技术更新都是来精准"捕获"你的，要避开这些套路和引导并不容易。不要轻信所谓的"专家"、媒体和房产中介，他们能说出很多值得买的理由，引导你忽略不利因素，做出错误的决策。避开的办法就是按我的方法用心研究，多听取意见，最终由自己做主。

第二是避免进入萎缩性城市，以及任性扩张的城市。如何从大的角度来分析城市优劣，在有关城市漂移的章节已经表述清楚，这里从反面再次提醒大家。

三大城市群不一样。三大城市群，即长三角、粤港澳大湾区、京津冀，前两个看群，第三个看圈。京津冀的群很难真正形成，主要还是看环京。同样是环京，在相同半径上，房价也会有天壤之别：有快速交通连接的是北京盘，卖北京价；没有的，在天津就卖天津价，在河北就卖河北价。

地级市已黄灯闪烁。三、四线城市，特别是地级市，未来会被上下两头虹吸，上面是省会城市，下面是县城，导致购买力外溢。这些城市就看有没有特色优势产业、特殊地理位置，像宁波有港口、宁德有宁德时代。有，就可以支撑房价；没有，房价就难以支撑。棚户区改造完之后，房价上涨的最后一波高潮也就过去了。

要警惕很早取消限购的城市。慎买在2022年大规模救市行动前就取消或变相取消限购的城市的房产，因为那里的楼市行情已走到尽头。连最后一批"鱼"都抓了，未来楼市会长期死水一潭，没有活力。

萎缩性城市慎进，慎抄底。萎缩性城市分为三大类：一是处于气候寒冷地区，本地人很多都去南方了；二是单一资源型城市，例如煤城、钢铁城、石油城，这些当年的"英雄城"如果资源枯竭，就会陷入萎缩，转型成功者少；三是特大城市周边的小城市，它们会被虹吸，发展会空心化。

任性扩张的城市也慎进。这些年被"翻牌"的一些城市，有的规划过于理想，把城市的发展框架拉得过大，把基础设施修建的标准定得过高，这些城市的财政往往会陷入难以为继的透支状态。大城市中充满机会，但任性扩张的城市，坑会有很多。

第三是慎入3类片区。要坚持用保守的眼光看片区。第一类是现在才开始规划的崭新片区，慎进；第二类是规划了5年还没什么起色，或者屡次宣传造势也没发展起来的新城新区，我把它们叫作"概念晚期的片区"，慎进；第三类是因城市过度膨胀，设立的国际城区、奥林匹克新区，还有二线城市的金融街区、三线城市的高科技创新区、四线城市的大学城区，这些都是要谨慎进入的。

具体来说就是，商铺、写字楼、旅游地产、公寓这些品类的房子不要碰；考虑到未来人口结构、人居品质会整体提升，一些"老破小"的房子也别买；未来一旦开始征收房产税，处于偏远郊区不通地铁的大盘要谨慎买入；不要继续持有没有居住价值的房子。

此外，还有11类房子不能买：

· 可能烂尾的。

· "老破小"里的老。一是房龄太长的，如20世纪80年代建的房子、银行不批贷款的；二是很多城市1999年2月以前建的房子，因为在那之前，多层住宅并不强调要打桩，楼板也不强制要现浇，因此房子的质量有隐患；三是老旧房的顶层，银行开始不接抵押贷款，也是因为怕房子出现漏雨等质量问题。

· 片区垫底的小区，这类小区的价格较低，购入的话看似是捡便宜，其实它的价格会一直处于底部。

· 没有快速交通连接的甚至连高铁都不通的远郊大盘。

· 户型奇怪，以及50平方米以下银行不接受抵押贷款的小户型。

· 商住混杂的，居住或办公的体验感都差。

· 五证不全的房子，以及产权有问题导致房本迟迟办不下来的房子。

· 有债务风险的房子，房子可能被重复抵押，交易时有被查封的风险。

・前房主户口还没迁走的学区房，价值会折损，拆迁时领取补偿也很麻烦。

・商铺返租的，卖不好或租不出去的，给你信心保底的房子。

・凶宅。入住新房是新生活的开始，如果知道新房是凶宅的话，心里会一直不舒服。

买房如何砍价

简单来说，砍价前你需要做到 3 点。

首先，理解房价的本质——去除非理性的恐慌因素，在心态上要有底气。不要被"房主就这个价，你觉得可以接受再来谈"这种说法吓到。要坚定二手房的价格从来就是谈出来的，不管在房子特别好卖的时候，还是市场行情不太好的时候，价格都是买卖双方谈出来的。既然如此，价格就总有一个可调整的空间。其次要明白，业主要卖房，总是有原因的。要么是对未来不看好，要么是当下手头特别缺钱，要么是夫妻离婚急需处理财产，这都是你可以讲价的底气所在。

其次，熟悉中介的套路——不轻信，不上套。在战术上，不让对方有施展优势技能的机会。中介惯用的套路通常有这 3 种。

第一种，"ABC 看房法"。中介给你推荐房，肯定不会只推荐一套。一般是先带你去看特别好的 A 房，他们知道你不会买，此举目的是打击一下你的自尊心；再带你去看你特别喜欢的 B 房，然后告诉你，在你犹豫的间隙，房子已经被其他买家买走了；最后带你看 C 房，就是你现在看的这套，C 房才是中介想向你推销的房子。这就是"ABC看房法"。尤其是中介带你看B房的时候,明知你报的价格买不下来,但中介会告诉你,因为你的犹豫,你错过了一次很好的出手机会。就这样让你不断感觉遗憾,当经历三五次以后,你自然就会加快购房的步伐,跟上他们的"节奏"了。

第二种,"藏价"。中介为了达成交易,也会帮你砍价,但是这里也藏着套路,就是所谓的"藏价"。卖方明明550万元就愿意卖,中介却告诉你必须出600万元卖家才卖,然后中介帮你谈了半天价格,不停向卖家"压价",帮你压到580万元;你如果不满意,他会叫店长出面再压到570万元;如果你还是不愿意成交,他就会"仁至义尽",连自己的佣金都愿意损失掉。最后,三方各退半步,价格被压到550万元,这时你会感恩戴德地买下这套房子。

第三种,"逼定",即通过刻意做一些安排,让你在买房过程中一直处于心慌的状态,最后迫使你快速下单。包括前面两条在内,所有的动作其实都指向最后的"逼定"。

1周有7天,1天还有上午、下午和晚上3个时段,看房的时间是非常充裕的,但是当你去看房的时候,总会被安排和其他有意向的买家一起。无法错开时间安排看房,肯定不是因为大家都很忙。接下来你还会发现,当你确定要买某套房的时候,总会有别的买家也看中了这套房。这还不算有违常理,当你接下来准备付定金时,中介工作人员的手机铃声会准时响起,肯定是他的同事打来的,说他那边有客户也看中这套房子了,也已经准备交定金了。如果你这边定不下来,他那边马上就要了。这时,你会怎么办?

目前，中国房产中介公司的作业模式是"一手托两家"，但实际上后边还得跟上一句话，叫"专捏软柿子"。一手托两家，每个购房者都是知道的，就是中介站在买家和卖家的中间角度来撮合。最后成了，中介拿成交佣金。表面上看，他们并不站在任何一方的立场上，但随着中介之间的竞争越来越激烈，最后他们会发现对房源的掌握才是公司的核心竞争力。于是所有中介都在不遗余力地争夺房源，发展自己的这项核心竞争力。因此，中介要抢着和业主签锁定房源的合同，去讨好卖方，多给卖方在价格等方面做承诺。慢慢地，中介就从原来的一手托两家，变成下意识站在卖家的立场上。在这样的商业模式下，要出业绩就只有一条路可走——在购房者身上设套逼定。

最后，你需要掌握谈判的技巧。当年我所创建的公司有一项服务是为买房人提供专业砍价师，他们的优势就是既了解市场，又了解中介的套路，同时还掌握谈判各方的心理。我们可以从以下几个典型案例看到，谈判技巧有多重要。

案例1：跟大教授砍价

在这个例子中，业主是一个非常厉害的教授，当时卖一栋别墅。购房者在找到砍价师之前，和业主谈了很长时间，价格谈不下来。最后一次谈判的时候，购房者决定带着砍价师陪同。

砍价师在开始的时候就是和购房者一起听业主讲话，业主从世界经济发展讲到中国特色，最后回到地产市场，把整个北京楼市的过去和未来全说了一遍，说得非常好。砍价师说当时很着急，但没有插嘴的机会。业主得出的结论就是：这个别墅是稀缺产品，会越来越值钱。那个时候他处于强势的地位，跟他谈降价几乎是不可能的。

砍价师很有经验，让业主讲了1个多小时，在感觉到他累了的时候，砍价师就轻声地问业主：我看您是去年8月开始挂牌卖这栋房的，网上调整了3次报价，一次比一次低，感觉这和您的分析逻辑有点对不上。这么一句轻描淡写的话，让业主的心理防线彻底崩溃了！业主原来营造的强势气场一下子就被瓦解了。

这就是换一个逻辑，交换一下谈判地位，重新再来谈。这句话一出，业主一下子客气了很多，砍价师也适当地维护了他的面子：我觉得您分析的大势是对的，但也存在变化的风险，那这栋别墅如果按照目前的幅度继续降价，到了年底报价可能还要降100多万元。我们能否以这个年底价格为准，如果涨了，我们给你补回去，如果没涨，就按这个价格成交？这样大家都不吃亏。

这个方案似乎很讲道理，也很站得住脚。业主和太太通了电话，最后因为"看出了"购房者的买房诚意，最终以比报价低70万元的价格成交。

这是一个相当成功的案例，这个案例告诉我们的经验是，做足功课，了解对方，不要被对方的气势吓到。

案例2：跟中年商人砍价

这个例子中的房主是中年商人，是最难对付的一类人。他通过中介放话：没什么可谈的，我就这价格，买就买，不买拉倒。

但砍价师清楚，一个人卖房子一定是有原因的：要么是他对市场未来不太看好，要么是现在急着用钱。

砍价师去了他家，发现他家装修得特别漂亮，然后就跟他随便聊，并没有把很多精力放在砍价上。因为他一开始就把价格咬得特别死，这时候如果硬追着他砍价肯定不行。砍价师就跟他聊点别的，聊他的生意，聊这套房子。

砍价师就是想了解这个人到底是干什么工作的，他的资金情况是什么样的，卖房的真正原因是什么。因为当时看他家装修用的石材比较多，就猜测他是不是做石材或建材生意的。因为做传统行业的，在那个时间段生意应该不好，所以砍价师从生意再聊到这套房子，一聊就发现，这套房子除了有贷款之外，后面又做了二次按揭和抵押贷款，那就可以想象卖房人的资金已经紧张到什么程度了。因此，这时候他说不着急，说价格不能变，我们就知道他在虚张声势。在出发前，砍价师和购房者定的目标是争取砍三五万元，在了解了卖方的情况后，最终砍了30万元。

在这个案例中，砍价师依靠自己的社会经验和对房主心理的把握，成功达成了砍价目标。砍价是一个互探对方底牌的过程，知道卖方的心理底牌后，价格底牌也就浮出水面了。

案例3：在自己已确认的价格基础上砍价

在这个案例中，价格比较难谈，原因在于砍价师介入晚了。购房者是刚需，买房经验不足，当时房子报价350万元，他和中介说如果能谈到330万元，他就愿意买这套房子。之后，他才来找砍价师，看看能否帮忙再砍些。

前文提到过，千万不要把底牌告诉中介。尽管当时处于被动一方，砍价师并没有放弃，而是先做了一个常规的功课，即先去看看房子的情况。结果，砍价师发现这套房子有些问题：第一，这套房的东南方向有一栋房屋，因此是有些遮光的；第二，西边的单元往外凸了一些，导致这套房子处于一个凹槽的位置。

购房者之前没有发现这两个问题，因为中介在带他看房的时候，都是选择中午和晚上的时间。中午阳光直射，看不出问题；晚上再去看，也发现不了问题。

砍价师发现问题后，就把原来中介提出的定价体系推翻了。买家原来之所以出价330万元，是因为小区同样面积、楼层近似的另外一套房成交价是350万元。但这套房子就不能参考350万元这个价格了，需要重新提出一个标准。中介意识到自己的"计谋"被揭穿后有些不好意思，就加大了和房主协商的力度。最后，这套房子以315万元的价格成交。

这个案例告诉我们：除了要把握卖方心理和了解市场，你还需要具备专业性，此外要真的拼命砍。砍价之前要做很多准备工作，砍价过程中要充分利用自己的经验，最后还要拼体力。

21 看天、看地、看人

本书意在帮助大家弄懂买房的三原理——稀缺性原理、相关性原理和流动性原理，以及理解市场的两个模型：房价热气球模型和风火轮模型。看懂房地产行业发展的底层逻辑以及改变之后，我们要搞懂3个变量：城市漂移、房产税、烂尾楼，这样就能学会"从楼市逃生"和"再入场"。

全书的认识论用一句话总结就是：要把一件事看穿，需要看到它的底层逻辑，这样才能看得远，看准它未来的发展轨迹。这里还要补充两句话：一句是，见识就是你的疆域，看到才能得到；另一句是，要排除立场谬误，不被不同立场的人干扰。

我们在运用这些原理和底层逻辑买房的时候，可以把操作流程简化成3个步骤：先抬头看天，再低头看地，最后看看身边的人。

看天，就是看政策环境。中国的楼市是"政策市"，过去政府是控盘方，形势比较简单；未来市场主导权会变得更复杂。不管是全国政策还是本地政策，看清其底层逻辑就会看得更高更远。

比如之前各地推出限购政策，目的是防止资产泡沫化导致金融危机。但如果经济下滑太快，失业率高，影响到社会安定，这些限制还会维持吗？当然不会。再比如北京在取消各种限制性措施时会全面取消限购吗？不会的。因为北京限购、限制人口是在治理都市病的前提下提出来的，而都市病短时间内很难治好。除非楼市出现重大变化，那时候限购措施也就形同虚设了。

具体怎么看呢？过去的经验就是关注中央政治局会议。要一字一句研究会议精神，并和之前的会议精神对比，看看哪些说法变了，为何变，以及变化意味着什么。未来还要看真实的经济基本面，因为它决定着买方的信心。看清市场"控盘方"的变换尤为重要。

看地，看看脚底下的情况。看本地影响楼市的几个重要因素的变化，包括城市规划、产业发展、土地拍卖等，看城市各板块的变化。

具体做法就是看开发商在干什么。看开发商都去哪里买地，有什么动作。要看和地方关系好的开发商往哪个方向投资。

不要听他们如何说，要看他们怎么做。比如2019年年初，很多开发商都说楼市会迎来小阳春，房价要涨，也出现了很多秒光盘。理论上货币增发的确会让楼市回暖，但真正的原因是开发商闹钱荒，打折促销引发了一波销量上涨。所以听话要听音，看行动才能得知真相。

看人，主要是看人气。看看身边的购房者对市场的态度和对未来的预期。预期引导人气，人气一旦形成，必将引发市场温度的变化，进而影响房产价格。这里就要看"房价热气球"，通过观察二手房市场的带看指数和成交周期两个指标，探测市场温度。

具体做法是，多找几个售楼处、房产中介，留下自己的电话号码，感受下卖房促销电话的频度和销售人员的态度——是对你更热情了，还是不理你了。

此外还要注意，买房时不要抱着固有的观念，要随着市场的变化而变化。一旦陷入多军和空军的思维定式，你就会选择性地吸收信息，跳入自己给自己设定的圈套。

置新家是件美好的事情，但愿你的买房过程也是开心的，没有遗憾！愿你能买个好房子！